Stuttgart

von Kindern ⇒ für Kinder

Hrsg.
Stuttgarter Nachrichten/
Kinderbüro Stuttgart

Oertel+Spörer

Inhalt

Für Leseratten — 53

Wasserspaß — 57

Inhalt

Liebe Kinder,

das Buch in euren Händen ist ein ganz
besonderes. Nicht irgendein Stadtführer für Kinder mit
Tipps und Beschreibungen von uns Erwachsenen, sondern:
hier haben Kinder für Kinder über ihre Stadt geschrieben.
Mit ganz viel Lust am Entdecken und voller Freude, euch
alles das mitzuteilen, was sie in der Stadt besonders toll
fanden, wo man am besten spielen kann, wo es die ange-
sagtesten Klamotten gibt und wie man die schönsten
Schwimmbäder und spannendsten Ausflugsziele erreicht.
So fing alles an: 15 Stuttgarter Buben und Mädchen in
eurem Alter haben sich in ihren Ferien frühmorgens bei
herrlichem Sonnenwetter im Stuttgarter Rathaus getroffen.
Ausgestattet mit Schreibblock, Stift und Fotoapparat ging
es von dort auf Entdeckungstour durch die Stuttgarter
Innenstadt. Begleitet von Vicky Waltl, unserer erwachsenen
Profi-Stadtführerin. Vom Marktplatz, zum Schillerplatz, zum
Schlossplatz, durch die Parkanlagen zum Eckensee – es
gab viel zu sehen, noch mehr Geschichten zum Hören und
Staunen. Wieder zurück im Rathaus machten sich die Kinder
dann an die Arbeit. Unter Anleitung einer erfahrenen Jour-
nalistin ging es ans Schreiben. Erste Texte wurden verfasst
und das war der Grundstock für dieses Buch.
Und so ging es dann weiter:

Wir haben uns mit Paul verständigt. Ihr kennt ihn sicher alle gut, den Pinguin der Stuttgarter Nachrichten. Er ist ja auch absoluter Stuttgart-Fan. Er hat Schülerinnen und Schüler der Riedseeschule Möhringen, der Uhlandschule Zazenhausen, der Freien Waldorfschule am Kräherwald, der BiL Privatschule, der Realschule Ostheim, der Wilhelmsschule Wangen, der Albschule Degerloch und der Österfeldschule Vaihingen für den Kinderstadtführer begeistern können und angeregt, weitere Texte und Tipps für euch zu geben. Dabei war die tatkräftige Hilfe der vielen Lehrer ganz besonders wertvoll und die Unterstützung der wunderbaren Lesepaten von „Leseohren aufgeklappt" e.V. hat viel dazu beigetragen, dass jetzt diese spannenden und einzigartigen Texte in diesem Buch versammelt sind.

Sehr hilfreich sind auch die zahlreichen coolen Einkaufs- und Restaurant-Tipps. Von Kindern ausprobiert und für gut befunden. So mancher Geheimtipp findet sich darunter. Da wären die Erwachsenen gar nicht drauf gekommen. Lasst euch also überraschen.

Überraschungen haben wir auch für diejenigen bereit, die mit ganz besonders einfallsreichen Texten und Ideen dieses Buch bereichert haben. Die 10 besten Beiträge wurden prämiert und erhielten attraktive Preise, die uns von zahlreichen Sponsoren zur Verfügung gestellt wurden.

Dass dieses Buch entstehen konnte, verdanken wir darüber

7

hinaus vielen weiteren helfenden Händen und denkenden Köpfen. Jennifer Ritter vom Kinderbüro bekommt ein großes Dankeschön, Ulrike Schellenberger von der Stabsstelle Kommunikation, Volker Nawroth vom Stadtmessungsamt, das Stuttgart-Marketing und das Amt für Stadtplanung und Stadterneuerung.

Die Arbeit an diesem Kinderstadtführer hat uns allen ganz viel Spaß gemacht. Wir wünschen euch fröhliche Stunden beim Entdecken und Ausprobieren der Vorschläge: von Kindern für euch Kinder.

Roswitha Wenzl (Kinderbeauftragte)
Lisa Welzhofer (Stuttgarter Nachrichten)
Gabriele Lehari (Oertel+Spörer)

Die Geschichte der Stadt Stuttgart

Liebe Kinder,
wollt ihr mit mir auf einen Galoppritt durch die Geschichte der Landeshauptstadt Stuttgart gehen? Ja? Na dann: Hüa!

Ich bin Paul, Chefreporter der Kinder-Nachrichten

- **Um 950** Herzog Liutolf von Schwaben gründet ein Gestüt, einen „Stuotgarten".
- **1229** Stuttgart taucht zum ersten Mal als Name für einen Ort auf. In einer Urkunde von Papst Gregor IX. (dem Neunten).
- **1482** Stuttgart wird die Hauptstadt des Landes Württemberg.
- **1688 bis 1707** Französische Truppen besetzen drei Mal die Stadt, etwa 100 Jahre später kommen sie unter ihrem Führer Napoleon mehrmals wieder.
- **1775** Die Hohe Karlsschule wird gegründet. Das war eine Art Universität, an der der Dichter Friedrich Schiller lernte und lehrte.
- **1846** Der erste Bahnhof wird eröffnet. Viele Fabriken entstehen, etwa für Kleidung, Farben, Zucker, Schokolade und Autos. Außerdem werden in Stuttgart viele Bücher gebunden und Instrumente gebaut.
- **1918** Die Zeit der Könige in Württemberg ist vorbei.
- **1939–1945** Im Zweiten Weltkrieg wird mehr als die Hälfte der Gebäude in Stuttgart zerstört, 4.500 Menschen sterben.
- **1952** Stuttgart wird Hauptstadt des neu gebildeten Bundeslandes Baden-Württemberg.

Das Landesmuseum Württemberg im Alten Schloss

Von allen Museen, die ich in Stuttgart kenne, finde ich das Landesmuseum im Alten Schloss am besten. Denn ich finde die Ausstellungen, die dort zu sehen sind und auch die Dauer-ausstellung sehr interes-

sant. Das Alte Schloss, das eigentlich eine Burg ist, ist beeindruckend. Deshalb bin ich gerne im Landesmuseum.

Gut finde ich auch, dass es in Stuttgart-Mitte ist, und man deswegen ganz leicht dort hinkommt. Mit der S-Bahn kannst du bis zur Haltestelle Stadtmitte fahren und dann hinlaufen, oder du nimmst die U5, 6, 7, 15. Die fahren bis zum Schlossplatz, dann musst du noch weniger laufen. Am Schlossplatz gibt es auch eine Bushaltestelle. Du hast ganz viele Möglichkeiten. Wenn du mit dem Auto kommst, dann kannst du unter dem Schillerplatz in der Tiefgarage parken. Aber die ist teuer. Die Adresse des Museums heißt Schillerplatz 6 und das ist in 70173 Stuttgart-Mitte. Klick

dich doch einfach mal auf der Seite www.landesmuseum-
wuerttemberg.de rein. Da kannst du noch viel mehr erfahren. Oder ruf die Nummer 0711/89535-111 an.　　**Lara**

Ein Schloss mit einer Reittreppe

*Wie sein jüngerer Bruder, das Neue Schloss (siehe
eigener Beitrag S. 13), wurde auch das Alte Schloss im
Zentrum Stuttgarts im Zweiten Weltkrieg (1939–1945)
stark beschädigt. Es wiederaufzubauen dauerte bis
1971. Schon vor mehr als 1000 Jahren gab es an der
Stelle eine Wasserburg. Später wurde die Anlage
Hauptsitz der Grafen Württembergs. Eine Besonderheit
des Gebäudes ist die Reittreppe aus dem 16. Jahrhundert, auf der man ohne abzusteigen mit dem Pferd
nach oben gelangen konnte. Ihr könnt sie noch immer
benutzen – allerdings ohne Pferde! Heute findet ihr im
Schloss das Landesmuseum Württemberg, das wech-
selnde Ausstellungen zu verschiedensten Themen
zeigt, zum Beispiel über Piraten oder die Schätze des
alten Syriens. Derzeit wird ein Teil des Schlosses zu
einem Kindermuseum umgebaut. Es soll
im Oktober 2010 eröffnet werden.*

Der Schlossplatz

Ich finde, der Schlossplatz in Stuttgart-Mitte ist der schönste Ort in Stuttgart. Im Sommer kann man sich auf der Wiese ausruhen und sich sonnen. Vor allem finde ich die Springbrunnen und den Engel schön. Im Winter ist es besonders am Abend schön, wenn die Laternen leuchten und der Schnee gelb weiß schim-mert. Im kleinen Musikpavillon spielt dann manchmal auch Musik. Im neuen Kunstmuseum

kann man interessante Ausstellungen anschauen und in den Cafés draußen sitzen und Eis essen.

Kilian

Der Schlossplatz hat auch eine U-Bahn Station. Du musst also nur in die U5, 6, 7 oder 15 steigen und dann bist du am Schlossplatz. Wenn man mit dem Auto kommt, kann man in den Tiefgaragen von der Dresdner Bank, der Landesbank Baden-Württemberg oder dem Marquardbau parken.

Das Herz der Stuttgarter Innenstadt

Der Schlossplatz ist nicht nur der größte Platz in der Stuttgarter Innenstadt, sondern auch so etwas wie deren Herz. Zu ihm führt die bekannte Einkaufsmeile „Königstraße" und von hier aus blickt man auch auf wichtige Zeugen der Stuttgarter Geschichte: Das Alte Schloss (siehe eigene Beschreibung S. 11) und das Neue Schloss. Das Neue Schloss wurde zwischen 1746 und 1807 im Auftrag der württembergischen Herzöge und Könige als Residenz- und Wohnschloss erbaut, aber im Zweiten Weltkrieg (1939–1945) zerstört – wie so viele andere Gebäude in Stuttgart. Nach dem Krieg gab es viele Diskussionen, ob man das Gebäude originalgetreu wieder aufbauen soll. Die Befürworter setzten sich am Ende durch. Heute wird im Neuen Schloss unter anderem bestimmt, was ihr in der Schule lernen müsst. Es ist nämlich Sitz des Kultusministeriums von Baden-Württemberg.

Die Stiftskirche

Die Stiftskirche gilt als Zentrum Stuttgarts. Sie ist zentraler Mittelpunkt für Stadt und Menschen, aber auch für rein rechnerische und für ganz offizielle Dinge. Will man beispielsweise vermessen, wie weit es von Ulm nach Stuttgart ist, so nimmt man die Strecke „Stuttgart Stiftskirche" bis „Ulmer Münster".

Wenn du vor der Stiftskirche stehst, so könnte dir auffallen, dass die Kirche aus vielen verschiedenfarbigen und oft „gestopften" Steinen besteht. Dies liegt daran, das Baden-Württemberg und somit auch seine Hauptstadt Stuttgart, im Zweiten Weltkrieg stark zerstört wurde (87 Prozent). Teile der Stiftskirche und Kunstwerke, wie die 12 Apostel, wurden zu Beginn des Krieges im Wagenburgtunnel versteckt.

Da die Stiftskirche jedoch ein Wahrzeichen Stuttgarts war und ist, wurde sie in der Nachkriegszeit wieder aufgebaut aus alten und neuen Teilen.

Der Eintritt in die Kirche ist kostenfrei.

Insgesamt gefällt mir die Stiftskirche sehr gut. Da die Kirche sehr zentral liegt, kommt man meist bequem zu Fuß hin. Falls man weiter außerhalb ist, kann man jede Bahn oder jeden Bus nehmen, der bis zur Haltestelle „Stadtmitte" oder „Schlossplatz" fährt und zu Fuß den Weg beenden.   **Robin**

Vom Schlossplatz muss man einfach nur an der Bushaltestelle in die Kirchstraße einbiegen und schon ist man da. Mehr Infos zur Kirche bekommst du auch im Internet unter www.stiftskirche.de. Falls dich die Stiftskirche interessiert, kannst du sie von innen besichtigen. Es gibt dort immer Führungen. Unter der Nummer 0711/ 240893 bekommst du dazu noch mehr Infos.

Ein unverwechselbares Wahrzeichen

Vielleicht ist euch schon einmal aufgefallen, dass die zwei Türme der Stiftskirche sehr unterschiedlich aussehen. Das liegt daran, dass sie zu unterschiedlichen Zeiten erbaut wurden. Die Bauzeit der Kirche im Zentrum der Stadt zieht sich über viele Jahrhunderte – so wie das bei vielen Kirchen der Fall war. Die Ursprünge der Stiftskirche liegen mehr als 1000 Jahre zurück. Graf Ulrich I. von Württemberg (1226–1265) ließ das damals kleine Gotteshaus im 13. Jahrhundert zu einer großen Kirche ausbauen. Sein Grabmal und das der Herzogin Agnes von Liegnitz sind die ältesten Teile, die ihr in der Kirche besichtigen könnt. Das Doppelgrab liegt im Südturm mit dem spitzen Dach. Auch der Westturm, der im 15. und 16. Jahrhundert dazukam, sollte ein spitzes Dach bekommen. Sein Bau geriet allerdings durch die Reformation ins Stocken. Die Reformation war ein innerkirchlicher Streit, aus dem die protestantische Kirche hervorging. Deshalb bekam er am Ende nur ein flaches Dach – und Stuttgart ein unverwechselbares Wahrzeichen.

Friedrich Schiller

Wusstet ihr eigentlich, dass aus Stuttgart ein sehr bekannter Poet kommt?

Vielleicht kennen ihn ja auch schon manche. Es geht um Friedrich Schiller.

Schiller wurde in der Umgebung von Stuttgart geboren. Um es genau zu sagen in Marbach. Zu ihm gibt es auch ein Denkmal in Stuttgart. Es steht vor der Stiftskirche auf dem Schillerplatz in Stuttgart-Mitte. Um dahin zu kommen, kann man jede Bahn oder jeden Bus nehmen, der bis zur Stadtmitte oder Schlossplatz fährt. Vom Schlossplatz muss man dann einfach nur noch an der Bushaltestelle in die Kirchstraße einbiegen und schon ist man da.

Das sollte man sich nicht entgehen lassen, wenn man in Stuttgart ist. Schiller war eine unglaublich intelligente Person. Das fand vor allem sein Lateinlehrer. Er erkannte das Talent des Jungen sehr früh und berichtet dem Herzog von diesem Schüler. Der war sehr begeistert und schickte ihn umgehend auf seine Herzogschule (Hohe Karlsschule).

Er hatte es aber sehr schlimm in der Schule. Denn wegen seines Aussehens wurde er von seinen Mitschülern veräppelt.

Ich finde Schiller sehr interessant, weil er sehr jung sehr faszinierende Werke schrieb. Geht doch mal mit euren Eltern ins Theater, sicher gibt es irgendwann mal wieder ein Stück von ihm. Ich hoffe, es gefällt euch und ihr habt etwas Spaß dabei, mehr von ihm zu lernen und zu lesen. **Robin**

Mein Tipp für euch: Für eure Verpflegung würde ich die Alte Kanzlei empfehlen. Die Terrasse des Restaurants ist auf dem Schillerplatz. Und dort ist auch der Eingang. Es ist lecker und preiswert zugleich. Parken kann man im Parkhaus unter dem Schillerplatz. Achtung: Das ist nicht gerade billig.

„…für Freiheit und Gerechtigkeit"

Friedrich Schiller (geboren 1759 in Marbach, gestorben 1805 in Weimar) ist einer der bekanntesten Dichter Deutschlands. Seine Stücke erzählen oft von Helden. In dem Werk „Kabale und Liebe" etwa kämpft der junge Ferdinand von Walter um die Liebe zu seiner Luise und stirbt sogar dafür. Oder Karl Moor. Er wird Anführer einer Bande – das sind „Die Räuber" –, weil er schwachen Menschen helfen will. Alle diese Figuren sind mutig. Auch Friedrich Schiller selbst war mutig. In seinen Texten sprach er aus, was ihn an der Gesellschaft und an den Herrschern seiner Zeit störte. Er setzte sich für Freiheit und Gerechtigkeit ein – und das trauten sich zu seiner Zeit nicht so viele. Dafür bewunderte ihn das Publikum oft. Der junge Friedrich wusste zwar schon früh, dass er Dichter werden wollte. Aber sein Vater, ein Offizier, soll von diesem Wunsch nicht begeistert gewesen sein. Mit 13 Jahren kam Schiller in eine Soldatenschule bei Stuttgart. Dort sollte er nicht dichten – aber er tat es trotzdem.

Der Eugensplatz

Der Eugensplatz liegt im Osten Stuttgarts an der Diemershaldenstraße und der Wagenburgstraße. Dort gibt es das beste Eis der Welt. Pinguin heißt diese Eisdiele genau gegenüber. Es gibt alle möglichen Sorten z. B. Schokolade, Pistazie, Vanille, Erd-beere, Zimt und noch viel mehr. Außerdem ist ein kleines Café dabei. Das Café und die Eisdiele haben im Winter leider zu. Auf der gegenüberliegenden Straßenseite ist ein Aussichtsplatz mit einer Mauer, von welcher man die Aus-sicht genießen kann. Dort ist auch noch der Galatea-Brun-nen. Neben dem Brunnen ist ein kleiner Park, da kann man dann im Sommer, wenn die vielen Blumen blühen, wunder-bar spazieren gehen. Als erstes holt man sich ein Eis, setzt sich auf die Mauer und schaut auf das schöne Stuttgart. Wenn man fertig ist mit Eis Essen, kann man im Galatea-Brunnen plantschen, der ist so gemacht wie ein Wasserfall. Außerdem gibt es eine Staffel, die vom Eugensplatz in die Stadt führt.
Viel Spaß am Eugensplatz und genieße dein Eis!

Carola

„Eine wunderbare Aussicht"

Vom Eugensplatz im Stuttgarter Osten hat man eine wunderbare Aussicht. Schön ist aber auch, was man auf dem Platz selbst sehen kann: den mächtigen Galatea-Brunnen. Er gilt als einer der schönsten Brunnen Stuttgarts und steht dort seit 1890. Ganz oben auf dem Wasserspiel thront die Meeresnymphe Galatea. Angeblich gibt es zwischen Galatea und Königin Olga, die den Brunnen in Auftrag gab, einige Gemeinsamkeiten. Zum Beispiel gelten beide als besonders schön. Außerdem wird Meeresnymphen nachgesagt, sie würden Kinder vor dem Ertrinken retten. Und auch Königin Olga, die vor etwa 150 Jahren lebte, hatte ein großes Herz für Kinder. Die Frau von König Karl von Württemberg übernahm zum Beispiel die Schirmherrschaft für eine Heilanstalt für Kinder. Später wurde diese nach ihr benannt: das heutige Olgahospital, auch Olgäle genannt.

Und hier noch für dich die Informationen, wie du meinen Lieblingsort findest. Du kannst zu Fuß, mit dem Auto, der Bahn oder dem Bus kommen. Die U15 und der Bus 42 fahren bis zur Haltestelle Eugensplatz. Das ist das Einfachste!

Der Stuttgarter Hauptbahnhof

Ich finde den Stuttgarter Hauptbahnhof schön. Es gibt viele Stände, an denen Schokolade und so verkauft wird. Die Sehenswürdigkeit des Hauptbahnhofs ist der Turm. Auf seine Spitze fährt man mit dem Aufzug oder man läuft. Wenn man oben angekommen ist, kann man den Blick auf Stuttgart genießen. Ein bisschen weiter oben dreht der Mercedes Stern seine Runde so, dass er von keinem Besucher beklettert werden kann. Doch leider soll der Hauptbahnhof bald teilweise abgerissen werden. Nur noch der Turm und die große Halle bleiben stehen. Bis jetzt ist der Hauptbahnhof ja ein Kopfbahnhof. In ihn fahren die Züge rein und wieder rückwärts raus. Das ist umständlich und dauert lange. Deshalb wird er unterirdisch gesetzt, so dass die Züge reinfahren und gleich wieder weiterfahren können. Aber bis das fertig ist, dauert es noch bis 2019. Im Turm gibt es eine Ausstellung, die erklärt, was gemacht wird. **Fabian**

„Umbau für Stuttgart 21"

Der Hauptbahnhof war nicht immer dort, wo er jetzt ist. Bis 1922 hielten und starteten die Züge in der Nähe des Schlossplatzes, in der heutigen Bolzstraße, dort, wo das Kino Metropol Filme zeigt. Anfangs gab es auch nur vier Gleise. Mittlerweile sind es 17. Das Bahnhofsgebäude, das ihr heute am Arnulf-Klett-Platz seht, wurde von dem Architekten Paul Bonatz gebaut und war 1928 fertig. Derzeit wird der Bahnhof umgebaut. Das Bauprojekt heißt Stuttgart 21 und soll bis 2019 dauern. Unter anderem ist es das Ziel, die oberirdischen Gleise unter die Erde zu verlegen und die Strecke Richtung Ulm schneller zu machen. Im Turm des Bahnhofs gibt es eine Ausstellung, die erklärt, was bei Stuttgart 21 passiert.

Die Mercedes-Benz-Arena

Mein Lieblingsort in Stuttgart ist die Mercedes-Benz-Arena. Die Eröffnung des ersten Stadions war am 23.Juli 1933. Es wurde für das 15. Deutsche Turnfest gebaut. Das Stadion ist im Neckarpark in der Mercedesstraße 87 in Bad Cannstatt. Zuerst hieß das Stadion deswegen Neckarstadion, dann hieß es Gottlieb-Daimler-Stadion und dann kam die Mercedes-Benz-Arena. Vor dem Umbau hatte es 55.896 Plätze. Während des Umbaus hatte es 41.000 Plätze. Nach dem Umbau soll es 60.100 Plätze haben. Das Stadion ist Heimat des VfB Stuttgart. Im Juni endet der Stuttgarter Zeitungslauf im Stadion. Nebenan befinden sich außerdem die Schleyerhalle, das Carl-Benz-Center und die Porsche-Arena. Durch das Stadion werden Führungen angeboten.

Mit der Straßenbahn kommt man ganz leicht zur Mercedes-Benz-Arena. Die S1 fährt bis zur Haltestelle Neckarpark. Unter www.mercedes-benz.arena.de gibt es noch mehr Informationen über das Stadion. Du kannst aber auch unter der Nummer 0711/2164661 anrufen.

Die größte Sportstätte in Stuttgart

Die Mercedes-Benz-Arena ist nicht nur die größte Sportstätte in Stuttgart, sondern in ganz Baden-Württemberg. Erbaut wurde das Stadion 1933, damit das Deutsche Turnfest in Stuttgart stattfinden konnte. Zunächst hieß es Adolf-Hitler-Kampfbahn, seit 1949 dann Neckarstadion. Im Laufe der Jahre hat nicht nur der VfB Stuttgart seine Heimspiele dort ausgetragen. Zweimal fanden Spiele der Fußball-WM hier statt. Zudem gab es je eine EM und WM in der Leichtathletik, Kirchentage und Konzerte, zum Beispiel der Rolling Stones und von Herbert Grönemeyer. Das Stadion soll größer werden. Zurzeit wird es zu einer reinen Fußballarena umgebaut, in die einmal 60.000 Leute hineinpassen sollen.

Der Stuttgarter Fernsehturm

Stuttgart ist meine Geburtsstadt, schon als ich klein war, mochte ich den Fernsehturm. Ich und meine Eltern hatten sehr viel Spaß auf diesem Turm. Das Schönste für mich ist, wenn ich abends Stuttgart von der Höhe aus sehen kann. Von keinem anderen Punkt Stuttgarts aus ist der Blick auf die Stadt so schön wie vom Fernsehturm. Da es mich sehr interessiert hat, wann der Fernsehturm gebaut wurde, habe ich mich schlau gemacht und herausgefunden, dass der Fernsehturm eine Bauzeit von 20 Monaten hatte und erstmals am 5. Februar 1956 in Betrieb genommen wurde. Es macht mir sehr viel Spaß, immer wieder zum Fernsehturm zu gehen. Und ich weiß auch, dass der Fernsehturm das Ur-Modell für die Fernsehtürme aus Stahlbeton in aller Welt ist. Für mich ist der Fernsehturm das Wahrzeichen von Stuttgart. Außerdem gibt es oben ein Café. Dort kann ich immer meinen Kakao und meinen Käsekuchen in 217 Meter Höhe genießen.

Mohamed

Aufzug in 150 Meter Höhe

In Stuttgarter steht der erste Fernsehturm, der weltweit gebaut wurde. 1956 wurde der Turm eingeweiht, und schon ein Jahr später hatten eine Million Leute die Aussicht genossen. Glücklicherweise müsst ihr nicht über die vielen Stufen nach oben steigen, ein Aufzug bringt euch in etwa 40 Sekunden auf 150 Meter Höhe. Mit Antenne ist der Turm noch einmal knapp 70 Meter höher. Von oben habt ihr eine tolle Aussicht – und sicherlich auch ein Kribbeln im Bauch. Bei gutem Wetter kann man sogar die Alpen sehen. Der Fernsehturm ist aber nicht nur der schönen Aussicht wegen da. Wisst ihr, welche Aufgabe er eigentlich erfüllt? Er ist eine Riesenantenne. Über sie empfangen wir Radiosender. Der Fernsehturm liegt in der Jahnstraße 120 in 70597 Stuttgart-Degerloch. Wenn man mit dem Auto kommt, dann gibt es dort Parkplätze, man kann aber auch die U7, 8 oder 15 nehmen und bis zu der Station Ruhbank (Fernsehturm) fahren. Wenn du noch mehr Fragen hast, dann findest du auf www.fernsehturm-stuttgart.de bestimmt die Antworten oder du fragst nach und rufst die Nummer 0711/232597 an.

Stuttgarter Stäffele

Wisst ihr, was Stäffele sind? So nennen manche Schwaben Treppen. Wie viele es in Stuttgart genau sind, weiß man nicht. Die Touristeninformation der Stadt schätzt, dass etwa 300 verschiedene Treppen einen Namen haben. Die Stadt ist für ihre Stäffele so bekannt, dass es sogar einen Spitznamen für die Stuttgarter gibt: Stäffelesrutscher.

Die Stadt ist ja sehr hügelig. An vielen Hängen, an denen heute Häuser stehen, waren früher Weinberge. Wenn es geregnet hatte, wurde der Boden rutschig. So kamen die Winzer schlecht an die Rebstöcke. Deshalb wurden schmale Treppen aus Sandstein angelegt: Stäffele. Im 19. Jahrhundert breitete sich die Stadt immer weiter aus. Weinberge verschwanden, viele Stäffele blieben und wurden zu größeren Treppen ausgebaut. So könnt ihr heute die Stadt auf besondere Weise erkunden. Die Stäffele führen an Orte, die ihr sonst nicht erreichen könnt.

Die Zacke

*Die Stuttgarter Zahnradbahn,
von den Einheimischen „Zacke"
genannt, ist ein ganz besonderes
Schienenfahrzeug. Sie nutzt auf
ihrem Weg vom Marienplatz im Süden der Stadt
bis nach Degerloch ein Zahnrad, um voranzukommen.
Dieses unter dem Wagen angebrachte Zahnrad greift während der Fahrt in die zwischen den Schienen montierte
Zahnstange. Dieses Prinzip könnt ihr nachahmen, indem ihr
die Finger beider Hände spreizt und versetzt gegeneinan-
der haltet, also miteinander verzahnt. So klettert die Zahnradbahn wie auf einer Leiter Sprosse um Sprosse den Berg
hoch und runter.
2.200 Meter legt sie pro Strecke zurück und überwindet
dabei 210 Höhenmeter. Zwei Unternehmer haben die
Zacke gebaut: Emil Kessler, dem eine Fabrik in Esslingen
gehörte, und Karl Kühner, Ziegeleibesitzer aus Degerloch.
Sie nutzten die Zacke vor mehr als 125 Jahren, um Arbeiter,
Baustoffe, Gemüse und Milch von den Orten auf den Fildern in die tiefer liegende Stadt zu bringen. Die Zahnradbahn fährt zwischen den Haltestellen Marienplatz und
Degerloch.*

Die Stuttgarter Seilbahn

Meistens fahren Leute mit Seilbahnen auf hohe Berge. Diese Seilbahnen hängen dann an einem Seil. In Stuttgart aber gibt es eine Standseilbahn.

Die Wagen stehen auf Schienen und werden an einem Seil vom Südheimer Platz aus zum Waldfriedhof hochgezogen und wieder runtergelassen. Das Seil ist unter dem Wagenboden befestigt.

Die Seilbahn ist schon mehr als 80 Jahre alt. 1929 wurde sie in Betrieb genommen. Anfangs brachte sie die Särge und die Trauernden zum Friedhof. Heute sind es zum Glück vor allem Ausflügler.

• Talstation der Stuttgarter Seilbahn, Böblinger Straße 237. Die Bahn verkehrt täglich alle 20 Minuten zwischen 9.10 Uhr und 17.50 Uhr. Die Tickets kosten so viel wie die Karten für die Stadtbahn. Die nächste Stadtbahnhaltestelle im Tal ist Südheimer Platz. Hier fahren die U1 und die U14.

Der Paternoster im Rathaus

Wisst ihr, was ein Paternoster ist? Das ist ein Aufzug ohne Türen. Wer von einem Stockwerk ins nächste möchte, hüpft einfach in eine vorbeifahrende Kabine – und dann wieder hinaus.

Im Stuttgarter Rathaus am Marktplatz gibt es drei Paternoster. Den schönsten findet ihr im Erdgeschoss. Wenn ihr die Eingangshalle betretet, ist er gleich links. Auf den ersten Blick sieht es so aus, als seien da zwei Aufzüge nebeneinander. Aber alle Kabinen sind an einer Kette miteinander verbunden. Oben angekommen, fahren die Kabinen nicht einfach wieder gerade

runter. Sie wechseln in den Aufzugschacht daneben, und unten geschieht dasselbe. So fährt ein Paternoster im Kreis. Das sieht man aber nicht, weil man aussteigen muss, bevor die Kabine den Schacht wechselt.

Weil es in den Kabinen eng ist, dürfen höchstens zwei Leute darin fahren. Das Wort Paternoster kommt aus dem Lateinischen und bedeutet „Vater unser". So heißt ein Gebet der Christen. Sie beten es unter anderem beim katholischen Rosenkranz. Das sind zehn Kügelchen an einer Kette. Weil die Kabinen beim Paternoster-Aufzug auch an einer Kette hängen, hat man ihn so genannt.

Stuttgarter Rathaus, Marktplatz 1, 70173 Stuttgart.
Die Öffnungszeiten sind montags bis freitags von 8 bis 18 Uhr. Manchmal hat es auch am Wochenende auf.

	Adresse/Telefon	Homepage
Weihnachtsmarkt	Königstraße 28 70173 Stuttgart Tel: +49 (0)711/2589151	www.stuttgarter-weihnachtsmarkt.de
Schloss Solitude	Solitude 1 70197 Stuttgart Tel: +49 (0)711/696699	www.schloss-solitude.de
Santiago-de-Chile-Platz	Alte Weinsteige 70180 Stuttgart	
Mercedes Benz Turm/ Bahnhofsturm mit Aussichtsplattform	Arnulf-Klett-Platz 70173 Stuttgart	
Turm auf der Uhlandshöhe	Uhlandshöhe 70188 Stuttgart	

Die Staatsgalerie

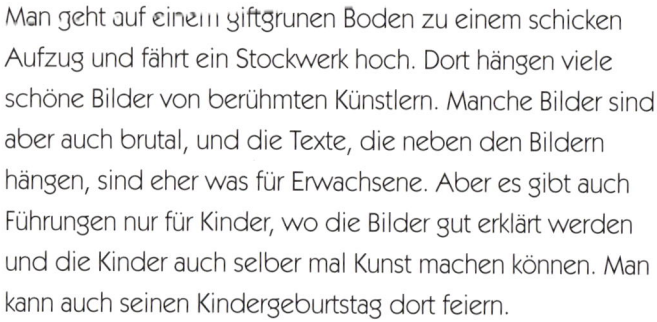

Die Staatsgalerie ist ein großes Museum. Kinder bis 12 Jahre dürfen umsonst rein. Das Gebäude ist toll. Man geht auf einem giftgrünen Boden zu einem schicken Aufzug und fährt ein Stockwerk hoch. Dort hängen viele schöne Bilder von berühmten Künstlern. Manche Bilder sind aber auch brutal, und die Texte, die neben den Bildern hängen, sind eher was für Erwachsene. Aber es gibt auch Führungen nur für Kinder, wo die Bilder gut erklärt werden und die Kinder auch selber mal Kunst machen können. Man kann auch seinen Kindergeburtstag dort feiern.

Es gibt dort auch Skulpturen. Manche sind schon sehr komisch, manche aber auch sehr schön. Die Kunstwerke sind alle sehr empfindlich und kosten auch viel Geld. Wenn man ein Bild anfasst, dann geht ein Alarm los oder ein Aufpasser kommt und schimpft. Zum Ausruhen gibt es bequeme Sessel. Es gibt eine alte und eine neue Staats-galerie. Die beiden Häuser sind miteinander verbunden, so dass man ganz viele Bilder sehen kann. Das macht natürlich ein bisschen müde. Aber dann kann man in das Restaurant dort gehen oder in das Café. Und wenn man jemandem was mitbringen will, dann kann man im Museumsladen was Schönes kaufen.

Fiona

Museumsführungen für Kinder

Bevor ihr in die neue Staatsgalerie geht, schaut euch mal das Gebäude von außen an. Es ist nämlich mit seinen bunten Dächern, Geländern und Fensterrahmen selbst ein Kunstwerk und wurde von einem Londoner Architekturbüro entworfen. 1984 war es fertig. Vor dem Haupteingang steht schon das erste Kunstwerk der Sammlung, das heißt, eigentlich liegt es: Die Skulptur „Die Liegende" von Henry Moore. Zusammen mit der Alten Staatsgalerie, die gleich daneben ist, besitzt das Museum eine große Kunstsammlung. Es gibt alte Heiligendarstellungen aus dem Mittelalter ebenso wie bunte Menschenportraits aus dem 20. Jahrhundert. Die Staatsgalerie bietet eigene Kinderführungen an.

Die Staatsgalerie liegt in der Konrad-Adenauer-Straße 30 in 70173 Stuttgart-Mitte. Sie hat sogar eine eigene Haltestelle. Man kann also ganz einfach mit der Straßenbahn oder dem Bus hinfahren. Noch mehr Informationen bekommst du im Internet unter www.staatsgalerie.de oder, wenn du die Nummer 0711/47040-0 anrufst.

Das Kunstmuseum Stuttgart

Dieser Würfel ist ganz aus Glas. In diesem Gebäude sind ein Museum, ein Restaurant und ein Souvenirgeschäft. Das Glasgebaude liegt in der Innenstadt direkt am Schlossplatz. Es sticht sofort ins Auge, da es sehr groß und auffallend gebaut ist. Im Gegensatz zu den anderen Gebäuden drum herum ist es sehr modern. Im Erdgeschoss ist ein Museum, wo moderne Kunst ausgestellt ist. Diese Ausstellungen werden öfters mal gewechselt. Dort verlief früher ein Tunnel. Direkt am Eingang ist ein Souvenirgeschäft. Dort kannst du dir schöne Erinnerungen mit nach Hause nehmen. In dem Würfel ist auch ein Aufzug, der sehr schnell ist. Wenn du ganz nach oben fährst, gelangst du zum Restaurant, wo man sehr lecker essen kann. Von hier oben hast du eine wunderbare Aussicht auf Stuttgart.

Lara

Das Kunstmuseum hat immer Dienstag und Donnerstag bis Sonntag von 10–18 Uhr, und Mittwoch und Freitag von 10–21 Uhr geöffnet. Und wenn du noch mehr wissen möchtest oder irgendwelche Fragen hast, dann ruf doch einfach unter der Nummer 0711 / 2162188 an oder klick dich auf der Seite www.kunstmuseum-stuttgart.de rein!

Ein großer Würfel aus Glas

Bestimmt ist euch schon mal der große gläserne Würfel am Stuttgarter Schlossplatz aufgefallen. Das ist das Kunstmuseum Stuttgart, das im Jahr 2005 eröffnet wurde. Fast genauso jung wie das Gebäude ist oft die Kunst, die darin gezeigt wird. Man nennt sie moderne Kunst. Früher haben Maler vor allem das abgemalt, was sie gesehen haben: Menschen, Tiere, Landschaften. Aber irgendwann war das einigen Künstlern nicht mehr genug, und sie haben angefangen, abstrakt zu malen, also zum Beispiel nur Formen oder Flächen in verschiedenen Farben. Auf diesen Bildern kann man nicht sofort erkennen, was sie zeigen sollen. Heute arbeiten Künstler nicht nur mit Leinwand und Pinsel, sondern beispielsweise auch mit Fotos oder Videos. Im Kunstmuseum sind solche modernen Werke ausgestellt. Und weil man sich viele Gedanken zu dieser Kunst machen kann, gibt es für Kinder besondere Angebote. Während die Eltern durch die Ausstellung gehen, entdecken die Kinder gemeinsam mit Betreuern das Museum und werden selbst zu kleinen Künstlern.

Das Mercedes-Benz-Museum

Dieses Museum ist ein Automuseum. Der Name Mercedes kommt von der Tochter von Carl Benz. Es ist nicht, wie alle anderen Museen, es zeigt den Leuten die Entwicklungen des Autos. Wenn man in die erste Halle läuft, sieht man eine Motorkutsche, die sich im Kreis dreht. An der Wand sind Schaubeispiele aufgehängt, wie schwer die Leute es hatten, Sachen zu transportieren ohne ein Auto, nur mit dem Laufrad, Schiffen oder Eisenbahnen. Jetzt erzähl ich nichts mehr. Guckt es euch selber an. **Antonios**

Das Museum ist in der Mercedesstraße 100 in 70372 Stuttgart-Bad Cannstatt. Im Internet bekommst du unter www.mercedes-benz.com/museum noch mehr Informationen zu den Öffnungs-zeiten und über die Preise. Du kannst aber auch die 0711/1730000 anrufen und nachfragen. Mit der S1 kann man ganz bequem bis zur Haltestelle Neckarpark (Mercedes-Benz) fahren oder mit dem Bus 56 bis zur Haltestelle Mercedes-Benz-Welt. Dann stehst du schon davor.

Das Porsche-Museum

Für mich ist das Porsche-Museum der schönste Platz in Stuttgart. Es liegt in Zuffenhausen und man erkennt es sofort, weil es so außergewöhnlich aussieht. Das Gebäude scheint zu schweben. Es gibt alles vom Traktor und sogar einen Porsche Bootsmotor. Über Bildschirme kann man sich die Geschichte von Porsche und zu jedem Auto anschauen, auch werden auf den Bildschirmen die Rennen, die Porsche gewann, als Ausschnitte gezeigt. Besonders eindrucksvoll sind die 120 Pokale, welche einen kleinen Teil der 28.000 Rennsiege darstellen. Man kann auch die Werkstatt durch ein großes Fenster besichtigen (Dort werden die alten Porsche repariert). An der Information kann man sich einen Audio-Führer ausleihen. **Philipp**

Das Museum liegt auf dem Porscheplatz 5 in 70435 Stuttgart-Zuffenhausen. Die Nummer 0711/911-2091 kannst du anrufen, wenn du Fragen hast oder du gehst auf die Seite www.porsche.de/museum im Internet. Das Museum hat von Dienstag bis Sonntag immer von 9 bis 18 Uhr geöffnet.
Mit der S6 musst du bis zur Haltestelle Neuwirtshaus/Porscheplatz fahren und dann stehst du schon an meinem Lieblingsplatz.

Tolle Flitzer

Stuttgart wird oft als Autostadt bezeichnet. Das liegt daran, dass hier zwei große Firmen, die Autos produzieren, ihren Sitz haben: Porsche und Daimler. In den vergangenen Jahren haben sich beide Konzerne ein neues Museum gebaut. Das Porschemuseum steht in Zuffenhausen und wurde Anfang 2009 eröffnet. Dort könnt ihr euch tolle Flitzer ansehen, aber auch etwas über die Geschichte von Porsche lernen. Drei Jahre älter ist das Mercedes-Benz-Museum vor den Toren des Daimler-Stammwerks in Stuttgart. Da könnt ihr lernen, dass die Erfindung des Autos stark mit der Geschichte der Firma Daimler verbunden ist, deren Automarke Mercedes-Benz heißt. Außerdem sind 160 Fahrzeuge zu sehen. Darunter auch richtig berühmte Wagen: zum Beispiel die original Motorkutsche von Gottlieb Daimler und der WM-Bus der deutschen Fußballelf von 1974. Sowohl das Porsche- als auch das Mercedes-Benz-Museum bieten extra Angebote für Kinder an, zum Beispiel Führungen und Workshops.

Der Monte Scherbelino/ Birkenkopf

Ich bin gerne auf dem Monte Scherbelino, da wachsen so viele Bäume, das verzaubert einen ganz doll. Manche sagen auch, dass er Birkenkopf heißt.

Der Monte Scherbelino ist ganz aus Trümmern gebaut, also ein echter Schutthaufen. Die Trümmer stammen von den zerstörten Häusern Stuttgarts aus dem Zweiten Weltkrieg. Dort oben steht ein großes Kreuz. In den Trümmern lässt sich gut verstecken spielen. Man kann bei manchen Sachen noch gut erkennen, was sie einmal waren. Von dort oben hat man einen prima Aussicht über Stuttgart. Die nächste

U-Bahn-Station ist die Arndt-/Spittastraße. Es ist einfacher mit dem Auto hinzufahren. Der Birkenkopf liegt im Westen an der Rotenwaldstraße.

Anna

Ein Berg aus Trümmern

Der Birkenkopf ist ein ganz besonderer Ort. Der 511 Meter hohe Berg erinnert an eine traurige Zeit in Stuttgart. Vor mehr als 60 Jahren kamen viele Menschen ums Leben. Damals herrschte der Zweite Weltkrieg. Viele Städte in Deutschland und in anderen Ländern wurden durch Bomben zum Teil oder ganz zerstört. So auch Stuttgart. So etwas Schlimmes soll nie wieder passieren, sagten sich die Menschen. Deshalb gibt es überall auf der Welt Orte, die an diesen Krieg erinnern. Einer der Orte ist der Birkenkopf. Ursprünglich war er nur 471 Meter hoch. Aber in den Jahren 1953 bis 1957 sammelten viele Stuttgarter die Reste der kaputten Häuser. Sie brachten die Trümmer auf den Birkenkopf und stapelten sie. So wurde der Berg 40 Meter höher. Mit der Zeit wuchsen viele Bäume und Pflanzen zwischen den Steinen. Heute kann man nur noch auf der Spitze des Berges die Trümmer liegen sehen. Stuttgarter nennen den Birkenkopf oft auch Monte Scherbelino, d. h. Scherbenberg.

Der Grüne Heiner

Mein Lieblingsort ist der Grüne
Heiner in Stuttgart-Weilimdorf.
Es ist ein sehr schöner Berg, der
früher mal ein Schutthaufen war. Im Sommer kann man sehr
schön Modellfliegen und im Herbst gehe ich gerne mit
einem Drachen auf den Berg. Ganz oben steht ein großes
Windrad zur Stromerzeugung. An machen Tagen weiden
auf dem Grünen Heiner auch Schafe.   **Leon**

Der Berg ist an der Hemminger Straße in 70499 Stuttgart-Weilimdorf. Ich fahr immer mit dem Bus 90 Richtung Giebel. Dann muss
man an der Haltestelle Holderäcker aussteigen und ist schon da.

Modelflugzeuge und Minigolf

*Der Grüne Heiner ist ein Berg an der Autobahn 81.
Seine 70 Meter bestehen aus Bauschutt, der dort in
den 1950er-Jahren abgeladen wurde und über den im
Laufe der Jahre Gras und Bäume gewachsen sind. Auf
dem Grünen Heiner kann man prima Modellflugzeugen
zusehen oder das Windrad beobachten. Am Fuß des
Hügels gibt es eine Minigolf-Anlage.*

Der Schlossgarten

Hallo, mein Name ist Necki. Mein Lieblingsort ist der Schlossgarten in Stuttgart-Mitte. Er ist schön groß und im Sommer blühen die Blumen. Die Menschen joggen herum, fahren Fahrrad und die Springbrunnen sind an.
Große Bäume stehen herum und die Vögel zwitschern.
Es ist schön auf der Wiese und man kann spielen, rennen, sich hinlegen, Picknick machen. Im Schlossgarten gibt es auch einen Biergarten, wo Musik gespielt wird.   **Necki**

Ich mag auch, dass man ganz leicht dorthin findet. Man muss nur in die U5, 6, 7 oder 15 steigen, an der Haltestelle Schlossplatz aussteigen und dann links vor dem Neuen Schloss in Richtung Staatstheater laufen. Oder man steigt an der Haltestelle Mineralbäder aus und ist schon da und kann sich dort in die Wiesen legen.

Ein Park mitten in der Stadt

Zu jedem ordentlichen Schloss gehört ein Park. Heute zieht sich der Park vom Neuen Schloss bis zum Cannstatter Neckarknie und gliedert sich in den Oberen, Mittleren und Unteren Schlossgarten. Nahe der Wilhelma geht er direkt in den Rosensteinpark über.

Naturkundemuseum Schloss Rosenstein

Bist du auf Entdeckungstour und willst Naturforscher werden? Dann bist du im Naturkundemuseum Schloss Rosenstein genau richtig! Immer wieder gibt es dort im Museum eine Sonderausstellung. In einem Raum wird alle 10 Minuten das Polarlicht dargestellt. Dort kann man auch etwas über Eisbären erfahren. Ein großer Modellwal, der zur Hälfte aufgeschnitten ist, ist eine weitere Sensation. Für Kinder gibt es immer wieder Führungen zu verschiedenen Themen. Ich habe dort auch schon meinen Geburtstag mit einer Museums-Rallye gefeiert. Mein Tipp: Der Museumsbesuch ist gut kombinierbar mit einer Radtour oder einem Spaziergang durch den Schlossgarten oder den Rosensteinpark. Mittwochnachmittags ist der Eintritt ins Museum sogar frei. **Felix**

Das Schloss liegt im Rosensteinpark in 70191 Stuttgart-Bad Cannstatt. Die nächstgelegene U-Bahnhaltestelle heißt Mineralbäder. Die Linien U1, 2, 14 fahren dorthin. Dort sind Schilder, die dir den Weg zeigen. Du musst durch den Park den Berg hoch laufen. Ganz viele Informationen findest du auf der Internetseite www.naturkundemuseum-bw.de/stuttgart oder wenn du die Nummer 0711/8936-0 anrufst.

„Tiere und Pflanzen entdecken"

Wer durch den Rosensteinpark spaziert, kommt an einem Schloss vorbei. Das sieht sehr hübsch aus, ein bisschen wie ein griechischer Tempel. Man nennt diesen Baustil Klassizismus. Er war in der Zeit sehr beliebt, in der auch das Schloss Rosenstein entstanden ist: König Wilhelm I. von Württemberg (1781–1864) ließ es von 1822 bis 1830 erbauen, er ist dort auch gestorben. Interessant ist, was in dem Schloss heute steckt: ein Naturkundemuseum. Dort könnt ihr viel über Tiere, Pflanzen und auch Menschen erfahren. Und nicht nur das. Ihr könnt euch einige Tiere ganz in Ruhe ansehen, denn sie sind ausgestopft, Präparate nennt man das. Das heißt: Echte Tiere wurden nach ihrem Tod auf ganz bestimmte Art mit chemischen Stoffen behandelt. So bleibt ihr Aussehen erhalten – als wären sie noch lebendig und würden nur ganz still stehen oder liegen. Zum Beispiel seht ihr im Schloss Rosenstein den Kaplöwen und den Beutelwolf, die schon längst ausgestorben sind.

Planetarium

Im Planetarium braucht man nicht auf die Nacht zu warten, um die Sterne zu sehen! Man muss sich nur in einen Kippsessel setzen und sich zurücklehnen.

Dann sieht man den ganzen Sternenhimmel. Daneben werden einem die Sternbilder erklärt, man erfährt was ein schwarzes Loch ist und dass die Sonne auch ein Stern ist. Dazu gibt es immer eine gute Geschichte, die aus einem Lautsprecher erzählt wird und die entsprechenden Bilder werden an der Decke gezeigt. **Vincent**

Das Planetarium liegt in einem Park in der Nähe vom Bahnhof. Die meisten Programme sind für Erwachsene, aber es gibt auch welche für Kinder.

Sterne „gucken"!

Wo schläft die Sonne in der Nacht?
Diese Frage beantwortet euch das
Carl-Zeiss-Planetarium in seinem Kinderprogramm. In
der halbkugelförmigen Kuppel könnt Ihr die Bahn der
Sonne vom Aufgang bis zum Untergang verfolgen. Ihr
könnt dort auch eine simulierte Reise zum Mars unter-
nehmen oder eine totale Sonnenfinsternis erleben. Die
Himmelskörper werden von einem speziellen Projektor
erzeugt. Das jetzige Gebäude wurde 1977 eröffnet. Es
ist nach dem Mechaniker Carl Zeiss (1816–1888)
benannt. Das von ihm gegründete Unternehmen stellt
unter anderem optische Geräte her. Auch der Projektor
im Planetarium stammt von dieser Firma.

 # SCHOKO**LADEN**

Eine Entdeckungsreise in der SCHOKO**AUSSTELLUNG**: mit allen Sinnen erfahren Sie hier alles rund um den Kakao, die leckeren Schoko-Quadrate und die geheimnisvolle RITTER SPORT-Schokoladenwelt.

Stöbern Sie in aller Ruhe in den Regalen des SCHOKO**SHOP** nach Ihren Lieblingssorten, probieren Sie unsere leckeren Schokoladen an unserer SCHOKO**BAR**, entdecken Sie neue Quadrate und versorgen Sie sich mit leckerem Proviant für unterwegs.

Träumt nicht jeder davon, einmal seine ganz persönliche Lieblings-Schokolade zu kreieren? In der SCHOKO**WERKSTATT** wird dieser Traum für **KINDER UND JUGENDLICHE** im Alter von 7 bis 18 Jahren Wirklichkeit. Informationen erhalten Sie unter 07157.97-704 oder direkt in unserem Online-Buchungstool.

ÖFFNUNGSZEITEN

Mo-Fr   8.00 bis 18.30 Uhr
Sa   9.00 bis 18.00 Uhr
So   11.00 bis 18.00 Uhr
Geöffnete Sonn- und Feiertage
siehe www.ritter-sport.de

Alfred-Ritter-Straße 27
D-71111 Waldenbuch
Telefon +49.(0)7157.97-704
schokoladen@ritter-sport.de
www.ritter-sport.de

Wie entsteht eine Zeitung?

Willst Du wissen, wo und wie die Zeitung entsteht?
Dann mach eine Führung durch das Pressehaus in Stuttgart
Möhringen mit. Dort werden unter anderem die Stuttgarter
Nachrichten mit den Kinder-Nachrichten gedruckt. Kinder
ab 10 Jahre können sich als Schulklasse anmelden. Oder
schließ dich mit deinen Eltern und ein paar Freunden
als Gruppe von mindestens neun Personen zusammen.
Informationen und Anmeldung unter Telefon
07 11 / 72 05-19 01 oder auf der Seite der Stuttgarter Nachrichten www.stuttgarter-nachrichten.de unter der Rubrik
„Leser-Service".

Museum	Öffnungszeiten	Eintritt/Preis	Adresse/Telefon
Staatsgalerie	Mi, Fr, Sa + So, 10–18 Uhr Neu: Di + Do, 10–20 Uhr, Mo geschlossen	**Sonderausstellungen:** 10 €/7 €, Kinder bis 12 Jahre frei, Jugendliche (13–20 Jahre) 2 € **Sammlung Tagesticket** 5,50 €/4 €, mittwochs und samstags freier Eintritt, Kinder bis einschließlich 12 Jahre frei, Jugendliche (bis 20 Jahre) 1 € (mit Ausweis) **Familienkarte** 10 €, zwei Erwachsene mit Kindern bis einschl. 20 Jahre	Konrad-Adenauer-Straße 32 70173 Stuttgart Tel: +49 (0)711/4 70 40-0
Kunstmuseum	Di, Do bis So: 10–18 Uhr Mi und Fr: 10–21 Uhr Mo: geschlossen	**Sammlung Erwachsene** 5 € Familien: 11 € Kinder bis einschließlich 12 Jahren: frei Jahreskarte für die Sammlung und Sonderausstellungen Regulär: 40 € Familie: 60 € Kind: 10 €	Kleiner Schlossplatz 1 70173 Stuttgart Tel: +49 (0)711/216-2188
Planetarium		Erwachsene: 6 € Kinder, Schüler, Studenten, (mit entsprechendem Ausweis): 4 €	Willy-Brandt-Str. 25 70173 Stuttgart Tel: +49 (0)711/16 29 2 15

Name	Öffnungs-zeiten	Eintritt/Preis	Adresse/Telefon
Mercedes-Benz-Museum	Dienstags bis sonntags und an Feiertagen von 9 Uhr bis 18 Uhr, montags geschlossen Kassenschluss: 17 Uhr	Tageskarte: Erwachsene 8 € Schüler ab 15 Jahren: ermäßigt 4 € Kinder unter 15 Jahren: gratis	Mercedesstraße 100, 70372 Stuttgart, Tel: +49 (0)711/1730-000
Porsche-Museum	Dienstag bis Sonntag von 9 bis 18 Uhr Die Kassen schließen um 17 Uhr Montags geschlossen	Erwachsene: 8 € Ermäßigt: 4 € Kindern bis einschließlich 14 Jahren ist der Einlass nur mit einer erwachsenen Begleitperson gestattet.	Porscheplatz 1, Stuttgart Tel: +49 (0)711/911-20911
Naturkunde-museum Schloss Rosenstein	Dienstags bis Freitags 7–17 Uhr Sa, So und Feiertage 10–18 Uhr Montags geschlossen	Erwachsene: 4 € Kinder ab 7 Jahre: 2,50 € Familien: 9 €	Rosenstein 1 70191 Stuttgart Tel: +49 (0)711/8936-0

Die „Heumäder" Linde

Die „Heumäder" Linde ist ein seltsamer Baum. Sie hat viele große, kropfige Auswüchse, sodass sie dadurch nach und nach zu einem stattlichen Umfang gekommen ist. Da, wo sie sich verästelt, hat sie ein Loch. Nun geht die Sage, der Räuber Schinderhannes sei einmal auf den Fildern von seinen Häschern verfolgt worden und auf der Flucht an der „Heumäder" Linde vorbeigekommen.

Er habe das Loch bemerkt und sei durch dasselbe in das Innere des hohlen Baumes gekrochen. Er blieb dort längere Zeit, ohne dass ihn seine Verfolger entdeckten. Seine Spießgesellen brachten ihm an Essen und Trinken das Beste, was sie aufbieten konnten.

Als die Gefahr vorüber war, wollte der Räuber wieder heraus. Aber die gute Kost hatte ihn so feist gemacht, auch war das Loch durchs Zuwachsen enger geworden, so dass er nicht mehr herauskonnte. Und so steckt der Schinderhannes noch heute in der „Heumäder" Linde.

Kinderbücherei

In der Stuttgarter Kinderbücherei im Wilhelmspalais am Charlottenplatz und in 16 Stadtteilbüchereien gibt es fast 300.000 Medien für euch. Medien, das sind unter anderem Bücher, CDs, DVDs, Comics, Computerspiele, Kassetten und Zeitschriften.

Wer keinen Internetanschluss daheim hat oder schnell was nachsehen will, kann in der Bücherei außerdem für einige Zeit einen Computer benutzen. Das Einzige, was ihr dazu braucht, ist ein Büchereiausweis. Ihr meldet euch einfach an der Information, nennt euren Namen und eure Adresse, und schon bekommt ihr ihn.

Zudem finden in der Kinderbücherei viele Veranstaltungen statt. Immer wieder organisiert die Kinderbücherei auch einen Kreativworkshop.

• Zentrale Kinderbücherei, Konrad-Adenauer-Straße 2, Tel.: 0711/216–57 48. Die Adressen der Stadtteilbüchereien findet ihr im Internet unter www.stuttgart.de/stadtbuecherei.

Buchhandlungen/ Büchereien	Adresse/Telefon	Homepage
Witwer	Königstraße 30 70173 Stuttgart (Mitte) Tel: +49 (0)711/2507-0	www.wittwer.de
Hugendubel	Königstraße 5 70173 Stuttgart (Mitte) Tel: +49 (0)1801/484-484	www.hugendubel.de
Lindemanns	Nadlerstraße 10 70173 Stuttgart (Mitte) Tel: +49 (0)711/248999-0	www.lindemanns-buchhandlung.de
Bücher Lack	Cannstatter Straße 9 70734 Fellbach Tel: +49 (0)711/586205	www.buecher-lack.de
Vaihinger Buchladen	Robert-Leicht-Straße 30b 70563 Stuttgart-Vaihingen Tel: +49 (0)711/7351888	www.vaihinger buchladen.de
Schiller Buchhandlung	Robert-Koch-Straße 9 70563 Stuttgart-Vaihingen Tel: +49 (0)711/7354116	www.schiller-buch.de
Haus des Buches, Buchhandlung Albert Müller GmbH	Epplestraße 19c 70597 Stuttgart-Degerloch Tel: +49 (0)711/72209560	www.buch-mueller.de
Stadtbücherei im Wilhelmspark	Konrad-Adenauer-Straße 2 70173 Stuttgart (Mitte) Tel: +49 (0)711/216-5710	www.stuttgart.de/ stadtbuecherei
Stadtbücherei Zuffenhausen	Burgunderstraße 32 70435 Stuttgart-Zuffenhausen Tel: +49 (0)711/216-8121	www.stuttgart.de/ stadtbuecherei
Stadtbücherei Feuerbach	Sankt-Pöltener-Straße 29 70469 Stuttgart-Feuerbach Tel: +49 (0)711/216-5246	www.stuttgart.de/ stadtbuecherei

Buchhandlungen/ Büchereien	Adresse/Telefon	Homepage
Stadtteilbücherei Untertürkheim	Strümpfelbacher Straße 45 70327 Stuttgart-Untertürkheim Tel: +49 (0)7 11 / 2 16-50 63	www.stuttgart.de/ stadtbuecherei
Stadtbücherei Ost	Schönbühlstraße 88 70188 Stuttgart-Ost Tel: +49 (0)7 11 / 2 16-81 05	www.stuttgart.de/ stadtbuecherei/ost
Stadtteilbücherei Bad Cannstatt	Überkinger Straße 15 70372 Stuttgart Bad Cannstatt Tel: +49 (0)7 11 / 2 16-46 47	www.stuttgart.de/ stadtbuecherei
Stadtteilbücherei Stuttgart-Freiberg	Adalbert-Stifter-Straße 101 70437 Stuttgart-Mühlhausen Tel: +49 (0)7 11 / 2 16-54 80	www.stuttgart.de/ stadtbuecherei
Bücherbus/ Fahrbücherei	Landhausstraße 188/1 70188 Stuttgart Ost Tel: +49 (0)7 11 / 2 16-81 14	www.stuttgart.de/ stadtbuecherei
Württembergische Landesbibliothek	Konrad-Adenauer-Straße 8 70173 Stuttgart Mitte Tel: +49 (0)7 11 / 2 12-44 54	www.wlb-stuttgart.de
Musikbücherei am Wilhelmspark	Charlottenstraße 1 70182 Stuttgart Mitte Tel: +49 (0)7 11 / 2 16-57 82	www.stuttgart.de/ stadtbuecherei/ musikbuecherei

Das Hallenbad Sonnenberg

Mein Lieblingsort ist das Hallenbad Sonnenberg, weil es so groß ist. Das Gute ist, dass es drei Schwimmbecken gibt: Das Schwimmbecken, das Sprungbecken und das Kinderbecken mit einer kleinen Rutsche.

Im Sprungbecken gibt es ein Ein-Meter-Sprungbrett, das Drei-Meter-Sprungbrett und das Fünf-Meter-Sprungbrett. Außerdem gibt es noch den Einser-block, den Zweierblock, den Dreierblock, den Viererblock und den Fünferblock. Ein Block ist ein kleiner Startsprung-turm, von dem man ins Wasser springen kann. **Luca**

Du kannst z. B. mit der U5 oder U6 bis zur Haltestelle Sonnen-berg fahren. Dann musst du nicht mehr weit laufen. Nur bis zur Kremmlerstraße 1 in 70597 Stuttgart-Möhringen. Im Internet auf der Seite www.stuttgart.de/baeder kannst du die Bilder anschauen und bekommst noch mehr Informationen.

Das Freibad Möhringen

Mein Lieblingsort in Stuttgart ist das Möhringer Freibad. Ich gehe gern ins Freibad, weil man da sehr viele Kinder kennen lernen kann. Außerdem gibt es ein Kleinkindbecken, ein Nicht-schwimmerbecken und ein Schwimmer-becken mit Sprungturm. Es gibt ein Ein-Meter-, Drei-Meter-, Fünf-Meter-Sprungbrett. Wenn man keine Lust mehr auf Schwimmen hat, kann man auf dem Abenteuerspielplatz mit einer Rutsche, mit Schaukeln und einer Wasserpumpe spielen gehen. Ich gehe aber lieber Tischtennis spielen oder auf den Fußballplatz und auch noch Beachvolleyball spielen. Und wenn man Hunger hat, am Kiosk gibt's eine leckere Portion Pommes mit Hähnchen-Nuggets.   **Sven**

Willst du auch mal vorbeikommen? Das Freibad Möhringen ist in der Hechinger Straße 112 in 70567 Stuttgart-Möhringen. Mit der U5 kannst du bis zur Haltestelle Möhringer Freibad fahren oder mit dem Bus 72 bis zur Haltestelle Lohäckerstraße. Wenn du noch mehr wissen willst, dann ruf einfach die Nummer 0711/216-8106 an oder geh ins Internet auf www.stuttgart.de/baeder.

Das LEUZE

Das herrliche Schwimmbad
befindet sich in Bad Cannstatt. Man kommt direkt
dorthin, wenn man die U2
Richtung Hölderlinplatz nimmt.

Ich bin gerne dort, weil man in einer Halle oder auch im
Freien schwimmen kann, auch wenn es kalt ist. Es gibt
Wassertrampoline, Häuser, die schwimmen, eine Schanzen-
rutsche oder Reifenrutsche und noch vieles mehr. Du kannst
auch im Thermalwasser baden.

Falls du nicht gefrühstückt hast, kannst du dort ein Früh-
stücksmenu bestellen. **Alicia**

Weitere Infos bekommst du im Internet unter
www.stuttgart.de/baeder.

Das Leuze ist ganz einfach mit der Bahn zu erreichen. Die
U-Bahnlinien 1 und 2 fahren bis zur Mercedesstraße und die U14
bis zur Haltestelle Mineralbäder. Der Tageseintritt für Kinder
kostet 7,20 €. Mit dem Auto musst du zur Adresse Am Leuze-
bad 2, in 70190 Stuttgart-Bad Cannstatt fahren. Wenn du vor
deinem Besuch noch Fragen hast, kannst du die Telefonnummer
0711/216-7979 anrufen.

Heilquellen und Mineralquellen

Im Mineralbad Leuze in Bad Cannstatt geht es nicht nur ums Planschen. Das Wasser kommt unter anderem aus zwei Heilquellen, die viel Kohlensäure enthalten, und einer Mineralquelle. Ein Bad darin soll dem Körper besonders gut tun. Stuttgart hat viele Mineralquellen, insgesamt 19 Stück. Jeden Tag kommen fast 44 Millionen Liter des gesunden Wassers in der Landeshauptstadt aus dem Boden. In Europa gibt es nur noch einen Ort, in dem mehr Mineralwasser aus dem Boden kommt, das ist Budapest, die Hauptstadt von Ungarn. Schon 1842 wurde am Neckar die erste Badeanstalt eröffnet. 1851 kaufte sie ein gewisser Ludwig Leuze, von dem das Leuze seinen Namen hat. Für Kinder bietet das Leuze 600 Quadratmeter Wassererlebniswelt. Dort gibt es etwa eine Rutsche, Sprudler, Duschen, Fontänen und eine Leinwand für Filmvorführungen. Es gibt übrigens noch zwei andere Mineralbäder in Stuttgart: das Bad Berg und das Mineralbad Cannstatt.

Mineralbäder	Öffnungszeiten	Preise	Adresse/ Kontakt
Das Leuze	Öffnungszeiten Mineral- Schwimmbad Mo–So: 6–21 Uhr Kinderland Mo–So: 8–21 Uhr	Kinder ab dem vollendeten 3. Lebensjahr sowie Schüler bis zur Vollendung des 14. Lebensjahrs (mit Ausweis) Badezeit unbegrenzt 7,20 € Erwachsene 14,60 €	Am Leuzebad 2 70190 Stuttgart S-Bad Cannstatt Tel: +49 (0)711/216-4210 (Kasse) Tel: +49 (0)711/216-7979 (Info-Telefon)
Mineralbad Cannstatt	Komplettrenovierung, Wiedereröffnung Anfang 2011		Sulzerrainstraße 2 70372 Stuttgart Tel: +49 (0)711/216-9240
Mineralbad Berg	Öffnungszeiten: Mineral-Hallen- und -Freibad, 02.05.– 30.09. 2010 Mo–Sa: 7–20 Uhr So: 7–17 Uhr	Kinder ab 3 Jahre 5,60 € Erwachsene 7,10 € Badezeit unbegrenzt	Am Schwanen- platz 9, 70190 Stuttgart Tel: +49 (0)711/216-7090 Tel: +49 (0)711/261730 Freibadgaststätte (Sommerbetrieb)
Hallenbäder			
Cannstatt	Do 7–22 Uhr (während der Freibadsaison geschlossen)	Kinder 2,10 € Erwachsene 3,60 € Badezeit unbegrenzt	Hofener Straße 17, 70372 Stuttgart Tel: +49 (0)711/216-3522
Feuerbach	Di: 14–19 Uhr Fr: 7–22 Uhr Sa: 7–13 Uhr (während der Freibadsaison geschlossen)	Kinder 2,10 € Erwachsene 3,60 € Badezeit unbegrenzt	Wiener Straße 53, 70469 Stuttgart Tel: +49 (0)711/216-7246

Wasserspaß!

Hallenbäder	Öffnungszeiten	Preise	Adresse/ Kontakt
Heslach	Di:14–19 Uhr Mi: 6.30–22 Uhr Do:14–23 Uhr Fr: 7–22 Uhr Sa:7–19 Uhr So:8–17 Uhr	Kinder ab 3. Lebensjahr 2,40 €, Erwachsene 3,90 € Badezeit unbegrenzt	Mörikestraße 62, 70199 Stuttgart Tel: +49 (0)711/216-4712
Leo-Vetter-Bad	Di: 13–19 Uhr Mi: 7–22 Uhr Do: 13–22 Uhr Fr–Sa: 7–19 Uhr So: 10–19 Uhr	Kinder ab 3ten Lebensjahr 2,40, Erwachsene 3,90 € Badezeit unbegrenzt	Landhausstr. 192, 70188 Stuttgart Tel: +49 (0)711/216-9077
Plieningen	Di: 14–19 Uhr Fr: 7–22 Uhr Sa: 7–13 Uhr	Kinder 2,10 € Erwachsene 3,60 € Badezeit ungebrenzt	Im Wolfer 40, 70599 Stuttgart Tel: +49 (0)711/216-7436
Sonnenberg	Mo–Di: 13–19 Uhr Mi: 6.30–22 Uhr Do: 7–22 Uhr Fr: 13–22 Uhr Sa: 7–19 Uhr So: 8–17 Uhr	Kinder 2,40 € Erwachsene 3,90 € Badezeit unbegrenzt	Kremmlerstraße 1, 70597 Stuttgart Tel: +49 (0)711/216-6199
Vaihingen	Di: 7–22 Uhr Mi: 7–19 Uhr Do–Fr: 14–19 Uhr Sa: 12–18 Uhr	Kinder 2,10 € Erwachsene 3,60 € Badezeit unbegrenzt	Rosentalstraße 15, 70563 Stuttgart Tel: +49 (0)711/216-4837
Zuffenhausen	Di: 7–22 Uhr Mi: 13–19 Uhr Do: 13–22 Uhr Fr: 7–22 Uhr Sa: 7–20 Uhr So: 9–17 Uhr	Kinder 2,40 € Erwachsene 3,90 € Badezeit unbegrenzt	Haldenrainstr. 31, 70437 Stuttgart Tel: +49 (0)711/216-5293

Freibäder	Öffnungszeiten	Preise	Adresse/ Kontakt
Höhenfreibad Killesberg	Mo–Fr: ab 7 Uhr Sa, So: ab 9 Uhr	Kinder 2,40 € Erwachsene 3,90 € Badezeit unbegrenzt	Beim Höhenfreibad 37, 70192 Stuttgart Tel: +49 (0)7 11/216-3015
Möhringen	Mo–Fr: ab 7 Uhr Sa, So: ab 9 Uhr	Kinder 2,40 € Erwachsene 3,90 € Badezeit unbegrenzt	Hechinger Str. 112, 70567 Stuttgart Tel: +49 (0)7 11/216-8106
Rosental	Mo–Fr: ab 7 Uhr Sa, So: ab 9 Uhr	Kinder 2,40 € Erwachsene 3,90 € Badezeit unbegrenzt	Rosentalstraße 21, 70563 Stuttgart Tel: +49 (0)7 11/216-4837
Inselbad Untertürkheim	Mo–Fr: ab 7 Uhr Sa, So: ab 9 Uhr	Kinder 2,40 € Erwachsene 3,90 € Badezeit unbegrenzt	Inselbad 4, 70327 Stuttgart Tel: +49 (0)7 11/216-3113
Sillenbuch	Mo–Fr: ab 7 Uhr Sa, So: ab 9 Uhr	Kinder 2,10 € Erwachsene 3,60 € Badezeit unbegrenzt	Trossinger Str. 2A, 70619 Stuttgart Tel: +49 (0)7 11/473930

Mehr Infos zu allen Stuttgarter Bädern findet ihr im Internet unter:
www.stuttgart.de/ baeder

Die Wilhelma

Die Wilhelma ist mein Lieblingsort, weil ich Tiere liebe. Der
Eintritt ist auch nicht allzu teuer.

Als aller erstes sieht man die Flamingos, die rosa sind. Sie
sehen lustig aus, denn sie stehen immerzu auf einen Bein.
Danach kommen die *gefährlichen* Krokodile. Wenn du See-
hunde magst, musst du einfach gerade aus laufen. Die Wilhelma ist ziemlich groß. Wenn du Hunger hast, gibt es dort
auch super Kioske. Dort gibt's etwas zum Trinken und Süßes.
Du kannst dich dort etwas ausruhen. Wenn du noch mehr
Kontakt mit den Tieren haben willst, kannst du in den Streichelzoo gehen. Wenn du noch Fotos machen möchtest,
eignen sich die Holzfiguren vor dem Streichelzoo.

Mein Tipp: An deiner Stelle würde ich unbedingt zu den
Bisons gehen, denn diese sind sehr faszinierend und wirklich haarig. Wenn ich manchmal schlechte Laune habe, sind
die Affen für mich ein Muss. Diese Affenbabys in Windeln
sind so lustig und süß, da muss ich immer lachen.
Du kannst zum Teich in den Park gehen, aber auch im
Schmetterlingshaus ist es sehr entspannend. Überall findest
du Schilder, die den Weg zur Toilette zeigen. Etwas zur
Erinnerung kannst du dir im Souvenirshop kaufen. **Alicia**

Die Wilhelma liegt an der Neckartalstraße in 70376 Stuttgart. Das ist in Bad Cannstatt. Sie ist leicht zu erreichen. Man steigt in die U14 ein und an der Haltestelle Wilhelma aus oder man nimmt die U13 bis zur Haltestelle Rosensteinbrücke. Natürlich gibt es dort auch für die Autofahrer einen großen Parkplatz. Bevor du hingehst, kannst du die Nummer 0711 / 54 02-0 anrufen und deine Fragen stellen. Infos findest du im Internet unter www.wilhelma.de

Der einzige zoologisch-botanische Garten

Die Wilhelma ist etwas ganz Besonderes: Sie ist der einzige zoologisch-botanische Garten in Deutschland. Das heißt, es gibt dort nicht nur rund 1000 verschiedene Tierarten zu sehen, sondern auch um die 5.000 Pflanzenarten. Ihren Namen hat sie von König Wilhelm I. von Württemberg (1781–1864), der zunächst ein Gartenhaus bauen ließ. Das war vor 130 Jahren. Nach und nach wurde die Anlage zum botanischen Garten und Zoo ausgebaut.

Höhenpark Killesberg

Mein Lieblingsort in Stuttgart ist der Killesberg. Ich finde es super, was man in Stuttgart für eine wunderbare Grünlandschaft gepflanzt hat. Dort gibt es einfach alles: eine Spielwiese für Fußball, Frisbee, etc.
Natürlich gibt es auch einen wunderbaren Spielplatz. Der ist aber eher für kleinere Kinder. Es gibt auch Tischtennisplatten. Das absolute Highlight ist aber für die meisten eine Fahrt mit der historischen Bahn. Es gibt auch ein Café. Das ist direkt neben dem Schlaich-Turm. Dort kann man auch eben den Turm besteigen. Es gibt viele Etagen im Wendel-

treppensystem. Mir persönlich wird nach der dritten Etage immer schlecht. Aber jeder Mensch ist verschieden. Wenn ihr wollt, könnt ihr in dem kleinen Bächlein aber auch Boote fahren lassen. Das macht irrsinnig Spaß, glaubt mir. Man kann natürlich auch einfach spazieren gehen und die gute

Luft genießen. Im Sommer würde ich empfehlen, danach noch ins Höhenfreibad Killesberg zur Erfrischung zu gehen.

Raphael

Mein Geheimtipp: Im Killesberg gibt es auch eine Hütte, wo leckere Würstchen und Schnitzel angeboten werden, aber auch Eis.

Am besten du kommst mit der Bahn zum Park. Die Linie U7 fährt bis zur Haltestelle Killesberg. Du kannst auch mit dem Auto kommen. Es gibt hier auch Parkplätze. Die Adresse vom Park lautet: Am Kochenhof in 70192 Stuttgart-Nord. Wenn du ins Freibad möchtest, dann kannst du mit den Stadtbahnlinien U6, U13 bis zur Haltestelle Maybachstraße fahren!

Ein Erlebnispark für das ganze Jahr

Den Höhenpark Killesberg gibt es seit 1939. In diesem Jahr ist auch das Killesberg-Bähnle zum ersten Mal gefahren. Das ist ein kleiner Zug, der von April bis Oktober durch den Park zuckelt – außer wenn es regnet. Der Zug ist aber nur eine Attraktion des Parks. Im Frühling ist er ein echtes Blumenmeer, im Sommer gibt es dort einen historischen Jahrmarkt mit Theater und Karussell und das Höhenfreibad. Außerdem warten ein 3.000 Quadratmeter großer Spielplatz auf euch und viele Tiere: Unter anderem Flamingos, Lamas, Ziegen und dicke Schweine leben im Höhenpark. Wer sich den Park lieber von oben ansehen möchte, der kann den Killesbergturm hochsteigen. Schwindelfrei solltet ihr aber schon sein, denn es geht 174 Stufen aufwärts. Dabei kann es passieren, dass die Treppen ein bisschen schwingen. Aber keine Angst! Der Architekt, der den Turm gebaut hat, wollte es so. Noch mehr Informationen und Bilder gibt es auf der Internetseite www.baerenschloessle-stuttgart.de oder wenn du die Nummer 0711/692550 anrufst.

Die Bärenseen

Ein besonders schöner
Ort in Stuttgart sind die
drei Bärenseen im
Rotwildpark im Westen Stuttgarts. Sie
heißen Pfaffensee, neuer See und Bärensee.
Es hat viel Wald mit Rot- und Schwarzwild. Am Ende der
drei Seen steht das beliebte Bärenschlössle. Es wurde 1768
von Herzog Karl Eugen von Württemberg gebaut. Dort kann

man toll essen und oft ist ein Eisstand
neben dem kleinen Schloss. Es ist ein
idealer Platz zum Spazieren, Joggen
und Rad Fahren. In der Nähe gibt es
auch einen großen Spielplatz und
Grillplätze. Vom Bärenschlössle geht

eine Treppe hinab zu einem steinernen Bärenzwinger. Es ist
zu jeder Jahreszeit wunderschön dort.   **Leo**

Wenn du mal das Bärenschlössle besuchen willst, dann empfehle ich dir, mit dem Fahrrad hinzufahren. Wenn du das nicht
magst, kannst du aber auch mit dem Auto fahren. Die Adresse ist
die Mahdentalstraße 14, in 70569 Stuttgart-West. Es fährt aber
auch der Bus 92 bis zur Haltestelle Schattengrund. Und von dort
ist es nicht mehr weit.

Noch mehr Informationen und Bilder gibt auf der Internetseite www.baeren-schloessle-stuttgart.de oder wenn du die Nummer 07 11 / 69 25 50 anrufst.

Naherholungsgebiet Rotwildpark

Bären gibt es in und um Stuttgart schon seit langer Zeit nicht mehr. Aber ein Schloss, das so heißt. Es ist nur ein kleines, deshalb heißt es Bärenschlössle. Es liegt im Naherholungsgebiet Rotwildpark. Früher haben in dem Park Könige und andere vornehme Menschen gejagt. Heute leben die Wildschweine, Rehe und Hirsche in großen Gehegen. Ihr könnt sie dort anschauen. Oder ihr geht auf den Waldlehrpfad. Dort könnt ihr viel über die Natur lernen. Die Seen wurden ab 1566 angelegt, um Trinkwasser für die Bewohner Stuttgarts zu sammeln. Heute dienen sie als Notwasserversorgung. Wenn ihr um alle drei herumwandern wollt, seid ihr bestimmt eine Stunde lang unterwegs. Bei schönem Wetter könnt ihr dort sogar Schildkröten beobachten, die sich am Ufer sonnen. Auch Eidechsen und Reiher leben hier.

Der Probstsee

Ich möchte von meinem Lieblingsplatz in Möhringen erzählen. Als ich noch etwas kleiner war, ging ich mit meiner Oma und meinem Opa zum Probstsee, der sich nicht weit von meinem Haus befindet. Dort gibt es viele schöne Bäume und Büsche. Im See schwimmen viele bunte Enten und ihre kleinen Kinder. Ich mag es, anzuschauen, was sie dort machen. Die Enten schwimmen, tauchen und kämpfen um ein Stück Brot. Mir hat es großen Spaß gemacht anzugucken, wie die Enten schnell aus dem Wasser gingen und dann am Gras zupften. Im See wächst Schilf, hinter dem sich die Enten verstecken. Auf dem Wasser wohnt ein Reiher. Er hatte sich ein Nest auf dem Wasser gebaut und manchmal sehe ich ihn über den See fliegen. Die Vögel setzten sich auf Bäume, die neben dem See stehen und fliegen dann wie auf Kommando weg. Irgendwo auf den hohen Bäumen gibt es singende Drosseln. Im Probstsee gibt es nicht nur Enten, sondern auch Fische. Die kleinen Fische schwimmen unter der Wasseroberfläche, doch die großen springen manchmal raus. Neben dem Probstsee gibt es eine

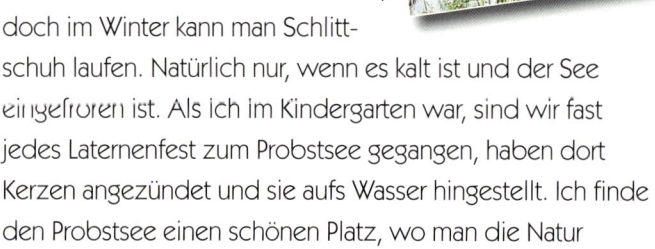

Strecke, wo Leute spazieren und ich im Sommer Fahrrad fahren kann. Im See kann man nicht schwimmen, doch im Winter kann man Schlittschuh laufen. Natürlich nur, wenn es kalt ist und der See eingefroren ist. Als ich im Kindergarten war, sind wir fast jedes Laternenfest zum Probstsee gegangen, haben dort Kerzen angezündet und sie aufs Wasser hingestellt. Ich finde den Probstsee einen schönen Platz, wo man die Natur genießen, beobachten und sich entspannen kann.   **Nikita**

Wenn du nicht, so wie ich, zum Probstsee laufen kannst, dann kannst du mit der U3 bis zur Vaihinger Straße oder mit dem Auto hinfahren, und zum Beispiel in der Vaihinger Straße in 70597 Stuttgart-Degerloch einen Parkplatz suchen.

Seltene Vogelarten entdecken

Der Probstsee liegt an der Vaihinger Straße zwischen Möhringen und Vahingen. Er ist ein Naturdenkmal, das heißt, er ist besonders geschützt. Dort leben einige seltene Vogelarten wie die Mönchsgrasmücke, das Blässhuhn und der Teichrohrsänger. Der Probstsee ist ein Stillgewässer. Er hat also keinen Zu- und Abfluss.

Der Kräherwald im Winter

Mein Lieblingsort im Winter ist der Bolzplatz am Kräherwald, an der Freien Waldorfschule am Rudolf-Steiner-Weg.
Denn im Winter gibt es dort eine Eisbahn: Der Platz wird
bei genügend Kälte mit Wasser geflutet, das dann zu einer
Eisschicht gefriert. Abends, wenn es dunkel wird, flammt
das Flutlicht auf und aus den Boxen tönt laute Musik. **Marc**

Man kann mit dem Bus 43 hinfahren und muss an der Station
Am Bismarckturm aussteigen. Oder man fährt mit dem Auto zum
Rudolf-Steiner-Weg 10 in 70193 Stuttgart-West.

Abenteuer im Wald erleben

Großstadt zwischen Wald und Reben – so wird Stuttgart manchmal genannt. Denn die Stadt liegt in einem Talkessel, der von mit Wein und Bäumen bewachsenen Hängen umgeben ist. Die Stuttgarter Wälder sind für viele ein Ort der Erholung, eine Besonderheit sind die Waldheime. Dort könnt ihr draußen essen und trinken und spielen. Viel erfahren über den Wald könnt ihr im „Haus des Waldes". Dort gibt es ein Programm für Familien und Kinder mit vogelkundlichen Führungen, Baumklettern, Holzkursen … Informationen unter www.hausdeswaldes.de

Die Stuttgarter Weinberge entlang den Hügeln des Nesenbach- und Neckartals

Die Weinberge sind mein Lieblingsort. Ich finde sie schön, weil man dort eine gute Aussicht hat (im Herbst ist es am schönsten) und außerdem, weil sie hügelig sind. Und wenn es Winter ist, sieht

man an einer Stelle den Max-Eyth-See, wenn er gefroren ist.

In insgesamt 16 der 23 Stadtbezirke gibt es Weinbauanlagen/berge. Die Stadtbezirke sind Mühlhausen, Münster, Zuffenhausen, Bad Cannstatt, Untertürkheim, Obertürkheim, Feuerbach, Wangen, Hedelfingen, Süd, Degerloch, Plieningen, Ost, Mitte, Nord und West. **Josephine**

Verschiedene Weinwanderwege auf
www.stuttgarter-weinwanderweg.de oder 0711/2228240 der
Stuttgart-Marketing GmbH

Weintrauben aus Stuttgart

Etwa zwei Prozent der Fläche von Stuttgart sind mit Weinreben bewachsen. Man vermutet, dass schon die Römer in dieser Gegend Wein anbauten. Mit Urkunden belegt ist, dass ab dem 11. Jahrhundert in der Stadt Wein wuchs. Seit 1974 präsentieren sich die Württemberger Wengerter, so nennt man hier die Winzer, jedes Jahr beim Stuttgarter Weindorf. Für Kinder gibt es leckeren Traubensaft.

Die Eselsmühle

Mein Lieblingsort ist die Eselsmühle. Sie liegt direkt in 70771 Stuttgart-Musberg im Grünen. Die Eselsmühle ist eine Wassermühle. Man kann sie auch besichtigen. Das Mehl wird in der Bäckerei verkauft. Es hat eine gute Gaststätte mit einer Terrasse. Wenn man im Sommer auf der Terrasse sitzt, kann man den Eseln beim Grasen zuschauen und der Gänseschar am Bach. Am „Tag der offenen Tür" kann man die Esel auch reiten. Im Winter ist es sehr schön, durch den verschneiten Wald zu gehen. Ich habe dort schon viele schöne Ausflüge gemacht. **Emilia**

Weil die Eselsmühle so weit weg ist, kann man nur mit dem Auto hinfahren. Man muss auf die B 27 Richtung Tübingen fahren und dann über Leinfelden-Echterdingen nach Musberg. Von hier aus kann man zur Eselsmühle wandern. Informationen bekommst du unter 0711 / 7 54 25 35 oder im Internet auf www.eselsmuehle.com.

Das Wassermännchen bei „Kannstadt"

Unter dem Volke in Kannstadt, Berg und der Umgegend geht die Sage, dass auf der Insel zwischen genannten Orten, auf welcher jetzt das Koch'sche Bad steht, über welche der Fußweg nach sowie die Eisenbahn von Stuttgart nach Kannstadt führen, immer 24 Stunden vor bedeutender Anschwellung des Neckars, sich kleine schwarze Männchen sehen lassen, welche unaufhörlich die Worte rufen: Räumet auf! Räumet auf! Diese Männchen sollen sich in dem nassen Sommer 1817 gezeigt haben, wo der Neckar, nachdem er durch den anhaltenden Regen ausgetreten war, alles auf den Feldern verwüstete; auch im Jahr 1824 sah man sie und hörte ihr warnendes Rufen 24 Stunden ehe der Neckar die damalige ungeheure Größe erreichte, alle Keller in Kannstadt mit Wasser füllte und noch viel anderen Schaden anrichtete. Viele behaupten, dass

diese Männchen die Geister von Menschen seien, die früher auf der Insel oder in der Nähe derselben gewohnt haben, aber durch eine plötzliche furchtbare Anschwellung des Neckars ums Leben gekommen seien.

Ort	Öffnungszeiten	Eintritt/Preis	Adresse/Telefon
Wilhelma	Haupteingang: 8.15–18.00 Uhr	Erwachsene: 12 €/8 €	Neckartalstraße 9 70376 Stuttgart Tel: +49 (0)711/5402-0
	Tierhäuser: 8.15–18.45 Uhr	Kinder, Schüler, Studenten: 6 €/4 €	
	Pflanzenhäuser: 8.15–18.30 Uhr		
	Aquarium, Amazonienhaus und Insektarium: 9–19 Uhr (das Aquarium und Terrarium schließt dienstags eine Stunde früher)	Familienkarte I: ein Elternteil mit eigenen Kindern 18 €/12 € Familienkarte II: Eltern mit eigenen Kindern: 30 €/20 €	
	Damaszenerhalle: 14–16 Uhr		
Max-Eyth-See			Am Max-Eyth-See 70378 Stuttgart Mühlhausen
Chinesischer Garten			Birkenwaldstraße 70174 Stuttgart Nord
Sonnenhof			Sonnenhof 1 70378 Stuttgart Mühlhausen Tel: +49 (0)711/507462 0 www.dersonnenhof.com

Der Cannstatter Wasen

Man hört wieder Geschrei und der Wagen vom Höllenblitz saust schon wieder vorbei. Es ist nicht mehr schwer zu erraten, wovon ich berichte. Genau! Vom dreiwöchigen Frühlingsfest, das schon mehr als 70 Mal auf dem Wasen in Bad Cannstatt stattgefunden hat. Mit tollen Attraktionen, wie zum Beispiel dem Höllenblitz, der 32 Mitarbeiter hat und 65 Lastwagen braucht, bis alle Wände, Schienen und Plastikmenschen auf dem Wasen angekommen sind. Es gibt aber auch eine Geisterbahn. Genug gibt es, glaube ich, dass man sich den ganzen Tag vergnügen kann. Ob es nun etwas Lustiges, Grusliges oder Leckeres ist, denn schließlich gibt es nicht bloß Fahrgeschäfte und Losbuden, sondern auch Bierzelte und süße Sachen, die man in kleinen Buden kaufen kann. Im letzten Jahr war sogar ein Schaustellerkind in meiner Klasse. Wenn nicht gerade Frühlingsfest ist, bietet der Wasen Platz für Zirkuszelte, wie zum Beispiel für den Weltweihnachtszirkus. Außerdem findet jedes Jahr im Herbst das zweiwöchige Cannstatter Volksfest statt.

Felix

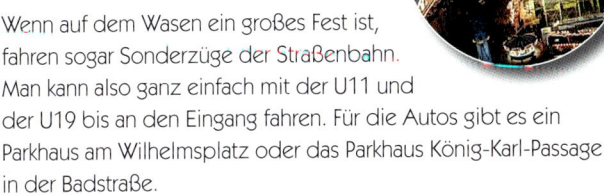

Wenn auf dem Wasen ein großes Fest ist,
fahren sogar Sonderzüge der Straßenbahn.
Man kann also ganz einfach mit der U11 und
der U19 bis an den Eingang fahren. Für die Autos gibt es ein
Parkhaus am Wilhelmsplatz oder das Parkhaus König-Karl-Passage
in der Badstraße.
Mehr über den Wasen und Feste, die dort stattfinden, gibt es im
Internet unter: www.Wasen.de.

Hier kann ich so richtig toben!

Ein Volksfest für Jung und Alt

Wenn Wasenzeit ist, dann sind oft mehr als 350 Schausteller in Stuttgart. Das sind Menschen, die mit ihren Fahrgeschäften im Land umherreisen und sie bei Veranstaltungen aufbauen. Würde Wilhelm I. von Württemberg (1781–1864) noch leben, wäre er sicher überrascht: Solch ein Rummel! Der württembergische König war nämlich der Erfinder des Cannstatter Volksfestes. Im Jahre 1817 ging es den Menschen in Württemberg nicht gut. Um die Bevölkerung aufzumuntern, plante der König ein Landwirtschaftsfest. Dort sollten Bauern miteinander fachsimpeln können und Preise für ihre Viehzucht bekommen. Die anderen Leute sollten sich einfach mal amüsieren. Am 28. September 1818 schließlich fand das erste Volksfest statt – damals noch unter dem Namen „Landwirthschaftliches Hauptfest zu Kannstadt".
Das Volksfest ist immer Anfang Oktober.

Das DAV-Kletterzentrum Stuttgart Degerloch

Das DAV-Kletterzentrum Stuttgart ist in Degerloch auf der
Waldau und mein Lieblingsplatz. Dort kann man Strecken
klettern und bouldern. Wenn man bouldern sagt, dann
meint man klettern ohne Seil in 2 bis 3 Metern Höhe.
Es gibt dort sehr viele Griffe in verschiedenen Farben.
In der oberen Etage etwa gibt es Strecken für die Kinder.
Im Erdgeschoss sind die Strecken für die Erwachsenen mit
unterschiedlichen Schwierigkeitsgraden von leicht bis über-
hängend. Man wird beim Klettern mit einem Seil von einer
anderen Person gesichert. Dabei muss man sich auf seinen
Kletterpartner verlassen können, denn Stürze können
lebensgefährlich sein.

Beim Klettern trage ich
einen Hüftgurt, an dem
das Seil angeknotet
wird. Dieses Seil muss
ich beim Klettern in
regelmäßigen Abstän-
den in Sicherungs-
karabiner einhängen.
Wenn ich eine Strecke bis
oben geklettert bin, lässt mich mein Kletter-

partner am Seil herunter. Höhenangst
sollte man dabei nicht haben, es geht
16 bis 18 Meter nach oben. Nach dem
Klettern setzen wir uns gerne in das Bistro, denn dort gibt
es Pizza und Bionade.

Carla

Das Kletterzentrum ist im Friedrich-Strobel-Weg 3 in 70597
Stuttgart-Degerloch. Unter www.kletterzentrum-stuttgart.de
bekommt man noch mehr Information. Du kannst aber auch
die Nummer 07 11 / 3 19 58 66 anrufen.

*Das Kletterzentrum auf der Waldau ist eine der
größten Kletteranlagen in Deutschland, sie bietet
3.700 Quadratmeter Kletterfläche: Schon seit 1994 gibt
es die Außenanlage, 2005 kam die Kletterhalle dazu.
Dort kann man bis zu 16 Meter hoch klettern. Besucher
können eine von rund 460 verschiedenen Kletterouten
wählen. Für Kinder gibt es spezielle Kletterkurse und
einen großen Kinderbereich. Aber es gibt noch andere
Möglichkeiten in Stuttgart nach oben zu kraxeln:
zum Beispiel der „Cityrock" in der Fritz-Elsas-Straße
(www.cityrock.de). In Fellbach bei Stuttgart gibt es
einen Hochseilgarten: www.hochseilgarten-fellbach.de.*

Eislaufen im Eis-Sport Zentrum Waldau

Das finde ich toll, da es zwar kalt ist, aber es macht trotzdem Spaß. Du kannst Pirouetten drehen, zur Musik tanzen und dann Pause machen und Mittagessen z. B. Wurst, Steak oder Pommes. Dann kannst du noch ein bisschen fahren, eine rote Nase bekommen und dann nach Hause gehen und heißen Kakao trinken. **Alicia**

Das Eissportzentrum ist bis Oktober 2011 wegen Umbaumaßnahmen für den Publikumsverkehr geschlossen. Man muss mit der U7 bis zur Haltestelle Waldau fahren oder mit dem Auto zum Keßlerweg 8 in 70597 Stuttgart Degerloch und dann ist man da! Unter der Nummer 0711/216-3274 bekommst du noch weitere Informationen.

Eislaufen in Stuttgart

Auf Kufen übers Eis zu gleiten macht riesigen Spaß. Im Eissportzentrum Waldau könnt ihr zum Beispiel eislaufen. Mehrere Eismeister kümmern sich darum, dass die Lauffläche spiegelglatt ist – und auch bleibt. Das funktioniert so: Unter der Eisfläche ist ein Betonboden. Darunter wiederum befinden sich viele Rohre. Durch sie wird ein Kühlmittel geleitet. Im Sommer ist auf der Eisbahn kein Eis. Erst im Herbst wird sie neu gemacht. Die Eismeister spritzen mit dem Schlauch Wasser auf die Betonfläche. Dann warten sie, bis es gefroren ist. Nach und nach kommt immer mehr Wasser drauf. Nach zwei bis drei Tagen ist die Eisschicht bis zu 6 Zentimeter dick.

Tischtennisplatte/Tischkicker am Eugensplatz

Der Eugensplatz im Osten war schon immer mein Lieblingsplatz in Stuttgart. Dort gibt es im Eis-Bistro Pinguin das beste Eis der ganzen Stadt und man kann von dort oben die ganze Stadt sehen. Außerdem ist dort auch ein Brunnen, in dem man sich im Sommer abkühlen und baden kann. Seit diesem Jahr treffe ich mich aber noch öfters mit meinen Freunden dort. Es gibt jetzt nämlich auch einen Tischkicker und eine Tischtennis-platte. Jeder kann die benutzten. Weil ich keine Schläger oder Bälle habe, leihe ich mir immer welche im Eis-Bistro Pinguin aus. Mit meinen Freunden spiele ich dann ein Tischtennis- oder Kicker-Turnier.

Jennifer

Es ist auch ganz einfach dort hinzufahren. Der Eugensplatz ist dort, wo die Wagenburgstraße auf die Alexanderstraße trifft. Mit der U15 kannst du bis zur Haltestelle Eugensplatz fahren.

Spielfläche Balinger Straße

Mein Lieblingsort ist in Möhringen die Spielfläche Balinger Straße. Sie hat eine Größe von 347 Quadratmetern. Man kann schaukeln, rutschen, sich in einem Mini-Karussell drehen, es gibt ein Wackeltier und eine Mini-Brücke. Es ist auch mein Lieblingsort, weil mein Freund in der Nähe wohnt und dann können wir dort zusammen spielen. Es ist auch ein guter Ort zum Verstecken und Fangen. Außerdem ist es mein Lieblingsort, weil ich nicht so weit laufen muss. Ich empfehle es euch! **Thomas**

Bestimmt musst du weiter laufen, weil du vielleicht nicht hier wohnst. Dann kannst du mit der U5 und U6 bis Möhringer Bahnhof fahren. Oder mit dem Auto in die Balinger Straße nach 70567 Stuttgart-Möhringen.

Das Jugendhaus Fasanenhof

Man kann Billard spielen und in den Computerraum gehen. Man kann auch im Tobezimmer an die Kinderbar. Ich würde es empfehlen, weil es richtig toll ist und weil daneben auch eine Half-Pipe ist und weil die Betreuer auch ganz nett sind, aber es gibt auch eine richtig große Fußballhalle und es hat auch einen eigenen Garten mit Spielplatz. **Marc**

Spielen macht Spaß!

Platz da! Rund 500 Spielflächen gibt es in Stuttgart, auf 150 von ihnen kann man Ball spielen, auf 26 skaten. Wahrscheinlich kennt ihr den Spielplatz in eurem Viertel, wenn ihr mal einen anderen ausprobieren wollt, dann findet ihr unter www.stuttgart.de/spielflaechen alle Möglichkeiten nach Adressen geordnet.

Das Kinder- und Jugendhaus Fasanenhof liegt in der Fasanenhofstraße 171 in 70565 Stuttgart-Möhringen. Bei Fragen kannst du immer die Nummer 07 11 / 7 15 74 08 anrufen oder im Internet auf www.jugendhaus.net/fasanenhof schauen. Mit dem Bus 72 kannst du bis zur Kurt-Schumacher-Straße fahren.

Jugendfarm Möhringen

Die Jugendfarm in Möhringen ist sehr schön. Es gibt sehr viele Tiere, die man strei- cheln und füttern kann. In der Bastelstube gibt es viele Möglichkeiten zum Basteln. Auf dem Aben- teuergelände kann man toben und klettern. Bei schönem

Wetter wird ein großes Lagerfeuer gemacht. Das auf diesem Feuer selbst gemachte Stockbrot schmeckt sehr gut. Ein besonderes Erlebnis ist auch die dunkle Höhle, durch die man durchlaufen kann. Ich finde, ihr solltet die Jugendfarm Möhringen auch mal gesehen haben.

Die Jugendfarm ist in der Balinger Straße 111, in 70567 Stuttgart-Möhringen. Im Internet bekommst du unter www.jufa.de noch mehr Informationen über meinen Lieb- lingsort. Du kannst auch die Nummer 07 11 / 6 87 22 26 anrufen. Um zur Jugendfarm zu kommen, kannst du die U6 und die U8 bis zur Haltestelle Sonnenberg nehmen. Viel Spaß bei deinem Besuch!   **Kana**

Schafe, Ponys, Ziegen

Mehr als 50 Einrichtungen für Kinder und Jugendliche zählt die Stuttgarter Jugendhaus Gesellschaft auf. Auf deren Homepage *www.jugendhaus.net* findet ihr die Adressen alphabetisch geordnet. Ein besonderes Angebot sind die „Mobifanten". Das sind nicht etwa komisch aussehende Elefanten. Nein, das sind kleine Laster voller Spielsachen, Werkzeug und Bastelmaterial. Die Mitarbeiter fahren mit ihnen in der Stadt herum und stellen sie an Orten wie Spielplätzen oder Schulhöfen ab. Dann können Kinder zwischen 6 und 12 Jahren zu bestimmten Zeiten spielen, basteln, malen. Den Tourplan der Mobifanten findet ihr auch auf der Internetseite der Jugendhaus Gesellschaft.

Die Jugendfarm Möhringen ist nicht die einzige ihrer Art. An vielen Orten leben Schafe, Ponys, Ziegen und andere Tiere mitten in der Stadt. Insgesamt gibt es mehr als 20 Abenteuerspielplätze und Jugendfarmen in Stuttgart. Dort könnt ihr den richtigen Umgang mit Tieren lernen, schöne Dinge basteln und bauen oder einfach spielen. Auf den Abenteuerspielplätzen gibt es nicht immer Tiere. Eine der Jugendfarmen ist richtig berühmt. Die Jugendfarm Elsental gilt als die älteste in Deutschland. Sie liegt im Stadtteil Stuttgart-Kaltental und wurde 1962 gegründet. Alle Plätze findet ihr im Internet unter *www.jugendhaus.net*. Klickt auf „Einrichtungen", dann auf „Jugendfarmen/Abenteuerspielplätze".

Die Felder rund um Möhringen

Unser Lieblingsplatz ist das Feld. Wir sind dort gerne, weil es dort so viele unterschiedliche Tiere gibt. Zum Belspiel: Feldhasen, Hunde, Füchse, Pferde, Mäuse, Mäusebussarde und Vögel. Außerdem kann man dort gut spielen und picknicken. Wenn wir auf dem Feld sind, gehen wir spazieren, lassen unsere Drachen steigen, verfolgen Tierspuren, essen Sonnenblumenkerne oder beobachten Tiere. Außerdem fahren wir auch gerne mit unseren Inliner, dem Fahrrad oder mit dem Einrad auf dem Feld. Dort ist immer etwas los. Es laufen viele Leute mit ihren Hunden dort spazieren. Außerdem kann man im Winter viele Langläufer beobachten oder eine Schneeballschlacht machen.

Der Bauer sät sehr schöne Blumen, die wir selbst pflücken können. Er sät auch leckeres Gemüse, das man z. B. dann bei Familie Speidel kaufen kann. Der Bauer hat ein Weidenhaus auf sein Feld gebaut, welches wir zum Spielen nutzen. Das Feld ist ein guter Lebensraum für die Tiere. Sie können sich dort verstecken und auch ihre Tierjungen groß-

ziehen. Man sieht dort auch einen sehr schönen Sonnenuntergang. Es ist ein guter Platz zum Austoben von Hund und Pferd. Es fließt ein Bach durch das Feld, der im Frühling klar ist und glänzt, wenn die Sonne auf ihn scheint.

Wir haben auf dem Feld immer sehr viel Spaß!

Sarah und Nathalie

Komm doch auch mal vorbei und mach einen Spaziergang auf den schönen Feldern rund um Möhringen. Mit der U5 und der U6 kannst du ganz einfach bis zum Möhringer Bahnhof fahren.

Spielplatz	Adresse/Telefon	Homepage
Abenteuerspielplatz Hallschlag	Rostocker Straße 9 70376 Stuttgart Bad Cannstatt	
Hafenspielplatz U-Türkheim/Spielfläche In der Au	In der Au 70327 Stuttgart Untertürkheim	
Spielplatz am Haigst	Kauzenhecke 70597 Stuttgart Degerloch	
Bezirkssportanlage Degerloch (auf der Waldau)	Georgiiweg 10A 70597 Stuttgart Degerloch	
Evang. Waldheim Degerloch	Epplestr. 205 70567 Stuttgart Degerloch Tel: +49 (0)711/760953	www.waldheim-degerloch.de
Löwentorspielplatz Rosenstein	Gew. 1 70191 Stuttgart Bad Cannstatt	
Spielfläche Tapachtal mit Skateranlage	Tapachtal III 70376 Stuttgart Zuffenhausen	
Rotwegspielplatz	Rotweg/ Böckinger Straße 70437 Stuttgart Zuffenhausen	
Aktivspielplatz Krempoli	Kemptener Straße 70327 Stuttgart Wangen Tel: +49 (0)711/0426478	www.krempoli.org
Drehscheibenspielplatz	Mittenfeld-/ Rappachstraße 70499 Stuttgart Weilimdorf	
Tapachtal	70437 Stuttgart Zuffenhausen	

Spielplatz	Adresse/Telefon	Homepage
Abenteuerspielplatz Vaihingen	In der Lüsse 35 70563 Stuttgart Vaihingen Tel: +49 (0)7 11 / 7 35 46 87	www. abi-vaihingen.de
Spielplatz Bodelschwingweg	Bodelschwing/ Günterstraße 70597 Stuttgart Möhringen	
Minigolfplatz Neckarblick	Wangener Höhe Im Schleifrain, Gew. 1 70327 Stuttgart Wangen Tel: +49 (0)7 11 / 46 58 30	www.neckarblick-stuttgart.de
Waldau	70597 Stuttgart Degerloch	
Bowling Center	Schloßstraße 28 70174 Stuttgart Mitte Tel: +49 (0)7 11 / 29 63 79	

Das Opernhaus des Staatstheaters Stuttgart

Die Staatsoper ist mein Lieblingsplatz. Sie liegt im Oberen Schlossgarten 6 in 70173 Stuttgart-Mitte. Also ganz nah beim Hauptbahnhof, deshalb kann man leicht mit der Bahn und dem Bus dorthin kommen. Dann musst du nur in den Schlosspark gehen und schon kannst du von weitem das schöne Gebäude sehen.

Dort werden nicht nur Opern gespielt, sondern es wird auch Ballett getanzt. Ich war schon mal in einem Stück von der John Cranko Schule. Es war sehr toll, man wurde ganz hipfelig, und wollte am liebsten mitmachen. Jeden Sommer gibt es auch eine Übertragung nach draußen auf eine Leinwand. „Dornröschen" und „Der Widerspenstigen Zähmung" habe ich schon gesehen und bin dabei auf der Wiese im Park gelegen.

Wenn man innen im Opernhaus ist und an die Decke schaut, sieht man, wie schön sie bemalt ist. Es fühlt sich an, als ob man in einem Schloss ist. Denn es gibt Kronleuchter. Das ist sehr schön. Wenn man schon mal hinter der Bühne war, weiß man, wie spannend es dort ist. Es ist einfach nur toll, man sieht riesige Kulissen, die Bühnenarbeiter, aber auch Tänzer. Wenn man noch nie in einer Vorstellung war, sollte man unbedingt in eine Oper oder ins Ballett gehen. Das solltest du auf jeden Fall machen, wenn du in Stuttgart bist! **Meret**

Tickets gibt's im Internet unter www.staatstheater.stuttgart.de/oper oder unter der Telefonnummer 07 11 / 20 20 90.

Oper	Kontakt	Adresse
Das Opernhaus des Staatstheaters Stuttgart	www.staatstheater.stuttgart.de/ Telefonzentrale +49 (0)711/ 20320 info.verwaltung@ staatstheater-stuttgart.de	Württembergische Staatstheater Stuttgart I Oberer Schlossgarten 6I 70173 Stuttgart

Kino	Adresse	Telefon	Homepage
Cinemaxx	Robert-Bosch-Platz 1 70174 Stuttgart Mitte	Tel: +49 (0)180/524636299	www. cinemaxx.de
UfA Palast	Rosensteinstraße 31 70191 Stuttgart Nord	Tel: +49 (0)711/2560088	www. ufa-stuttgart. de
Metropol	Bolzstraße 10 70173 Stuttgart Mitte	Tel: +49 (0)711/2290440	www. innenstadt-kinos.de
Gloria Kinos	Königstraße 22 70173 Stuttgart Mitte	Tel: +49 (0)711/2290440	www. innenstadt-kinos.de
Jugend-haus Büsnau	Adolf-Engster-Weg 4 70569 Stuttgart Vaihingen	Tel: +49 (0)711/681159	www. jugendhaus. net/buesnau
SI Erlebnis-Centrum	Plieninger Straße 100 70567 Stuttgart Möhringen	Tel: +49 (0)711/721-1111	www. si-centrum.de

Theater	Adresse	Telefon	Homepage
Theater in der Badewanne	Killesberg Strese-mannstraße 39 70191 Stuttgart Nord	Tel: +49 (0)711 / 2573825	www.theater-in-der-bade-wanne.de
Theater am Faden	Hasenstraße 32 70199 Stuttgart Süd	Tel: +49 (0)711 / 604850	www.theater-amfaden.de
Junges Ensemble Stuttgart	Eberhardstraße 61A 70173 Stuttgart Mitte	Tel: +49 (0)711 / 218480-18	www.jes-stuttgart.de
FITZ! Zentrum für Figuren-theater	Eberhardstraße 61A 70173 Stuttgart Mitte	Tel: +49 (0)711 / 241541	www.fitz-stuttgart.de
Kindertheater Kruschteltunnel im Studio Theater	Hohenheimer Str. 44 70184 Stuttgart Mitte	Tel: +49 (0)711 / 246093	www.studiotheater.de
Puppentheater Tredeschin	Haußmannstr. 134 70188 Stuttgart Ost	Tel: +49 (0)711 / 282746	www.tredeschin.de

Das Eiswägele

Schoko-, Vanille-, Melonen- und Joghurteis gibt es beim Eiswägele seit vielen Jahren. Das Eiswägele fährt an den Verkaufstagen von Bad Cannstatt nach Stuttgart-Mitte. Dort stoppt es an jedem Sommertag am Ende der Schlossgarten-Anlage. Oft ärgern sich die Autofahrer darüber, dass das Eiswägele so langsam tuckert, wenn sie aber lesen, dass es ein Eiswagen ist, beruhigen sich die meisten wieder. Das Besondere an dem Eis ist, dass es von den Inhabern selbst gemacht wird. Versuch es doch mal! Mein besonderer Tipp: Das Eisessen ist super mit einer Radtour zu kombinieren. Man startet wie das Eiswägele auch in Bad Cannstatt, fährt dann am Mineralbad Leuze vorbei in Richtung Haltestelle Mineralbäder. Dort biegt man in die Parkanlagen ein und fährt parallel zur Cannstatter Straße in Richtung Neckartor. Man kommt an einem Spielplatz vorbei, an dem man gut eine Pause einlegen kann. Spiel, Spaß und Freizeit kann man dort am besten erleben. Der Spielplatz liegt in der Nähe eines angelegten Baches und liefert, seit dort die Gartenschau stattfand, eine Menge Abwechslung. Das Beste ist der große Spielturm. Viel Spaß ist dort immer garantiert! Mit dem Fahrrad geht es dann weiter über eine Brücke und in den Anlagen bis zum Zugang zur Klettpassage. Da wartet dann das leckere Eis!

Felix

Das beste Eis gibts im:

Ort	Adresse		Telefon	Homepage
Eiscafe Amatista	Rubensstraße 1	70597 Stuttart Degerloch	Tel: +49 (0)711/7657171	
Eis-Bistro Pinguin	Eugensplatz 2F	70188 Stuttgart Mitte	Tel: +49 (0)711/2637973	www.eis-bistro-pinguin.de
Timone	Kirchheimer Straße 49	70619 Stuttgart Sillenbuch	Tel: +49 (0)711/478857	www.timone.de
Santin	Kronprinzstr. 8	70173 Stuttgart Mitte	Tel: +49 (0)711/295485	
Eiscafe Bertazzoni	Ostendstr. 84	70188 Stuttgart Ost	Tel: +49 (0)711/2623393	

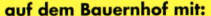

Da schmeckt es uns!

Wo essen?

Ort	Adresse		Telefon	Homepage
zur Linde (Möhringen)	Sigmaringer Straße 49	Stuttgart Möhringen	Tel: +49 (0)711/719959-0	www. joergmink.com
Udo-Snack	Calwer Str. 23	Stuttgart Mitte	Tel: +49 (0)711/226 9094	
Hirsch	Epplestr. 27	Stuttgart Degerloch	Tel: +49 (0)711/765 5384	
Osteria Pizzeria La Stella	Auf dem Haigst 46	Stuttgart Degerloch	Tel: +49 (0)711/762181	www.osteria lastella.de
Eselsmühle	Eselsmühle im Siebenmühlental	Leinfelden-Echterdingen	Tel: +49 (0)711/754 2805	www.esels muehle.com
Noodle 1	Wilhelmsplatz 1	Stuttgart Ost	Tel: +49 (0)711/86020186	www. noodle1.de
Harambe	Rembrandtstraße 190	Stuttgart Degerloch	Tel: +49 (0)711/765 2342	www. harambe-afrika.de
Vapiano	Bolzstraße 7	Stuttgart Mitte	Tel: +49 (0)711/229-6706	www. vapiano.de
Spaghettis-simo	Tübinger Str. 8	Stuttgart Mitte	Tel: +49 (0)711/291090	
Pizzeria Domino	Nürnberger Straße 52	Stuttgart Bad Cannstatt	Tel: +49 (0)711/528 6722	domino-pizza-service.de

Service-Angebot für Familien im Rathaus

Im Erdgeschoss des Stuttgarter Rathauses steht Eltern ein gut ausgestattetes Kinder-Spiel- und Wickelzimmer zur Verfügung.

Wer mit Kindern ins Rathaus kommt, kann sie in ruhiger Atmosphäre wickeln und stillen:

- Wickeltisch mit frischen Windeln, Feuchttücher, Windeleimer, Flaschenwärmer, Breiküche, Tee- und Wasserkocher, Waschbecken stehen zur Verfügung.
- Sofa, Spielecke, Bausteine, verschiedene Kinderspiele, Puppenstube, Kinderbücher, Malblöcke und Buntstifte erwarten die Kinder.

Während der Öffnungszeiten des Rathauses montags bis freitags von 8 Uhr bis 18 Uhr geöffnet, der Schlüssel ist an der Infothek erhältlich, hinter dem Rathaus am Seiteneingang gibt es einen Fahrstuhl in den ersten Stock/EG.

Buggy-Verleih (kostenlos)

Das Kinderbüro bietet Eltern einen kostenlosen
Buggy-Verleih an.
Buggys können für ein paar Stunden, aber auch bis zu einer
Woche ausgeliehen werden.
Besonderes Angebot: es gibt einen Zwillingsbuggy
Wo: Rathaus Stuttgart, Kinderbüro, Marktplatz 1,
70173 Stuttgart (Zimmer 142)
Zeit: Montag bis Freitag zwischen 8 und 17 Uhr
(oder nach tel. Vereinbarung)
Ausleihdauer: bis zu einer Woche
Infotelefon: 07 11 / 2 16-61 12

Kinderbetreuung

Einrichtung	Straße	Ort	Telefon	Internet	Zeiten
Breuninger	Marktstr. 1–3	70173 Stuttgart	Tel: +49 (0)711/211-0	www. breuninger. com	Mo–Sa von 10 bis 18 Uhr
IKEA	Heinkelstr. 10	71634 Ludwigsburg	Tel: +49 (0)180/535 34 35	www. ikea.com	Mo–Do + Sa: 10 bis 21 Uhr Fr: 10 bis 22 Uhr
Spielwaren Kurtz	Marktplatz 10	70173 Stuttgart	Tel: +49 (0)711/50 53 68 30	www. spielwarenkurtz.de	Sa: 12 bis 18 Uhr
Möbel Gamerdinger	Otto-Lilienthal. Str. 8–16	71034 Böblingen	Tel: +49 (0) 7031-212-0	www. moebelgamerdinger.de	Mo–Sa: 10–19 Uhr
Hofmeister	Kirchheimer Straße 5	74321 Bietigheim-Bissingen	Tel: +49 (0) 71 42 70 04-0	www. hofmeister. de	
Drop&Shop Kunstmuseum Stuttgart	Kleiner Schlossplatz 1	70173 Stuttgart	Tel: +49 (0) 711/216 97 79	www. kunstmuseum stuttgart.de	Sa: 13:30 bis 16:30 Uhr

Einrichtung	Straße	Ort	Telefon	Internet	Zeiten
Breuninger- land	Heinkel- straße 1	71634 Ludwigs- burg	Tel: +49 (0) 7141/221 44 13	www. breunin- gerland- ludwigs- burg.de	Mo–Fr: 10 bis 20 Uhr Do: 10 bis 21 Uhr Sa: 9:30 bis 20 Uhr
Rieger	Dornier- str. 1+2	73730 Esslingen	Tel: +49 (0) 711/220 45-0	www. moebel- rieger.de	Mo: 9:30 bis 19 Uhr
Modepark Röther (nur Kinder- spielplatz)	Burgen- landstr. 44 B	70469 Stuttgart	Tel: +49 (0) 711/5 50 76 81	www. modepark. de	
Jolos Kinderwelt	Herren- wäldle- str. 15	71065 Sindel- fingen	Tel: +49 (0)7031/68 42 83-87	www. jolos-kin- derwelt.de	tägl.: 11 bis 19 Uhr

Da kaufen wir unsere Hosen

H&M	Königstr. 38	70173 Stuttgart Mitte	Tel: +49 (0)7 11 / 29 94 29	www.hm.com
Korbmayer	Schulstr. 2	70173 Stuttgart Mitte	Tel: +49 (0)7 11 / 22 98 10	
for Kids 4	Kirchheimer Str. 52	70619 Stuttgart Sillenbuch	Tel: +49 (0)7 11 / 45 99 72 15	
Yeanshalle	Tübinger Str. 15	70178 Stuttgart Mitte	Tel: +49 (0)7 11 / 64850-0	www. yeanshalle.de
US Kuni	Lange Str. 3	70173 Stuttgart Mitte	Tel: +49 (0)7 11 / 291100	www.kuni-jeanskult.de

Da kaufen wir Sweater

Breuninger	Marktstr. 1	70173 Stuttgart Mitte	Tel: +49 (0)7 11 / 2 48 60 06	www. breuninger.de
Galeria Kaufhof	Königstr. 6	70173 Stuttgart Mitte	Tel: +49 (0)7 11 / 20 36-0	www.galeria-kaufhof.de
Schwaben-galerie	Schwaben-platz 1	70563 Stuttgart Vaihingen	Tel: +49 (0)7 11 / 78 23 91-30	www.schwa-bengalerie.com
Peek & Cloppen-burg	Königstr. 12	70173 Stuttgart Mitte	Tel: +49 (0)7 11 / 1 20 90-3	www.peek-cloppenburg.de
Karstadt	Königstr. 1c	70173 Stuttgart Mitte	Tel: +49 (0)7 11 / 20 82-0	
for Kids 4	Kirchheimer Str. 52	70619 Stuttgart Sillenbuch	Tel: +49 (0)7 11 / 45 99 72 15	

Da kaufen wir Schuhe

Sport Katz-maier GmbH Sportartikel	Epplestr. 23	70597 Stuttgart Degerloch	Tel: +49 (0)7 11 / 76 59 89	www.sport-katzmaier.de
Schuh Wolf	Filderbahn-str. 44	70567 Stuttgart Möhringen	Tel: +49 (0)7 11 / 71 37 06	
Little Foot Kinder-schuhe	Karl-Pfaff-Str. 20	70597 Stuttgart Degerloch	Tel: +49 (0)7 11 / 72 20 02 63	
Shoe-Town Werdich	Königstr. 37	70173 Stuttgart Mitte	Tel: +49 (0)7 11 / 28 48 63 31	www. werdich.com

Da kaufen wir unsere Jacken

S.Oliver	Königstr. 46	70173 Stuttgart Mitte	Tel: +49 (0)7 11 / 2 20 22 60	www. soliver.de
Esprit	Königstr. 34	70173 Stuttgart Mitte	Tel: +49 (0)7 11 / 22 55 86-0	www.esprit.de
Modepark Röther	Burgenland-str. 44	70469 Stuttgart Feuerbach	Tel: +49 (0)7 11 / 5 50 76 81	www. modepark.de
Olympia Boutique	Eberhard-str. 6a	70173 Stuttgart Mitte	Tel: +49 (0)7 11 / 8 87 83 06	www. ssawstore.com
Intersport Profimarkt	Wildunger Str. 2–4	70372 Stuttgart Bad Cannstatt	Tel: +49 (0)7 11 / 5 05 84 96	www. intersport.de

Coole Mützen

Titus Stuttgart	Königstraße 45	70173 Stuttgart Mitte	Tel: +49 (0)711/8703424	www.titus.de
Bijou Brigitte	Schulstraße 2	70173 Stuttgart Mitte	Tel: +49 (0)711/2536320	www.bijou-brigitte.com
Adidas	Königstraße 1A	70173 Stuttgart Mitte	Tel: +49 (0)711/2221448	www.adidas.de
Karstadt	Königstraße 1c	70173 Stuttgart Mitte	Tel: +49 (0)711/2082-0	www.karstadt.de
Puma	Königstraße 21	70173 Stuttgart Mitte	Tel: +49 (0)711/2202224	www.puma.de

Für alle Stadtentdecker und Großstadtabenteurer

- www.stuttgart.de/kinder

Auf der Internetseite der Stadt Stuttgart gibt es eine eigene Rubrik für Kinder. Dort ist auch der aktuelle Veranstaltungskalender, der alle Museen und Theater auflistet.
Der Spielflächen-Finder auf der Homepage zeigt dir, welche Spielplätze es in den Stadtbezirken gibt und was für Geräte dort zum Spielen sind.

- www.jugendhaus.net

Auf der Homepage der Stuttgarter Jugendhaus Gesellschaft findest du die Adressen aller Kinder- und Jugendhäuser und der Abenteuer- und Aktivspielplätze. Außerdem kannst du schauen, wann die Spielmobile „Mobifanten" wo unterwegs sind. Informationen über den Circus Circuli bekommst du auch hier

- www.stuttgart-tourist.de

Der freche Spatz Theodor zeigt dir Stuttgart auf seine ganz persönliche Art. Lass dich überraschen!

Die „i-Punkt Touristik-Information" ist in der Königstraße 1A in 70173 Stuttgart-Mitte, die Anlaufstelle für alle Stadtentdecker. Dort kannst du dich über die Sehenswürdigkeiten, Museen, Theater, Parks und Hotels in Stuttgart informieren. Während der Geschäftszeiten kannst du für mehr Informationen diese Nummer anrufen: 0711 / 2228-0.
Melde dich doch gleich gemeinsam mit deinen Eltern für den Familienspaziergang an!

- Der Förderverein Kinderfreundliches Stuttgart e.V. arbeitet seit Jahren daran, Stuttgart kinderfreundlich zu gestalten und ist neben dem Kinderbüro eine wichtige Anlaufstelle bei allen Fragen zum Thema. Bei Fragen und Anregungen kannst du dich gerne an den Förderverein wenden. Marktplatz 1, 70173 Stuttgart-Mitte. Weitere Informationen gibt es unter www.kinderfreundliches-stuttgart.de oder unter der Telefonnummer 0711 / 216-6111.

Du brauchst Hilfe????

- **Aktion Gute Fee**
  Überall, wo du diesen Aufkleber siehst, ob in der Straßenbahn oder am Eingang von Geschäften, wird dir mit Sicherheit jemand helfen, wenn du eine Frage hast, den Weg nicht mehr findest oder irgendwie Hilfe brauchst.

- **VVS**
  Diese Nummer kannst du von montags bis freitags von 8–17:30 Uhr anrufen, wenn du Fragen zu den Fahrplänen, Tickets oder Haltestellen hast: 0711/19449
- Natürlich kennst du die Nummer der **Polizei**. Jederzeit kannst du die 110 anrufen, wenn du dich in Not befindest und ernsthafte Hilfe benötigst!
- Die Hotline des **Kinderbüros** 0711/216 2004 kannst du jederzeit anrufen und deine Fragen zum Thema Kinder und Familie stellen.

Das wollen wir verändern!

Ich hätte gerne mehr und größere Spielplätze, mehr Fahrradwege für Kinder und eine Schlittenbahn.

Ich würde in Stuttgart mehr für die vielen Obdachlosen tun!

Die Eintrittspreise in Museen und auch sonst sind für uns Kinder manchmal ganz schön teuer.

Ich hätte gerne mehr Kinderbetreuung in den Geschäften. Dann wäre einkaufen mit meiner Mama nicht so langweilig!

Stuttgart hat einfach zu wenig Schnee!

- Ich würde in Stuttgart eine Spiel-
- straße ein-richten, mitten in der Innenstadt!

Schade, dass Stuttgart kein Meer hat – das wäre richtig klasse!

Mir fehlen in Stuttgart Schulen nur für Mädchen!

naturmuseum stuttgart

forschungsmuseum am löwentor und schloss rosenstein

STAATLICHES MUSEUM FÜR NATURKUNDE STUTTGART

Reise im Schloss Rosenstein um die Welt und entdecke dabei Eisbären, Haie, Elefanten, Tiger und viele andere Tiere.

Infos zu Öffnungszeiten und Eintrittspreisen unter: www.naturkundemuseum-bw.de

Erlebe eine Zeitreise zu Dinos, Mammuts und Höhlenbären im Museum am Löwentor.

Inspiration is our business

**Kindergarten bis Klasse 12
Sportverein-ISS und Summer School :
auch für nicht-ISS-Schüler und alles auf
Englisch!**
www.international-school-stuttgart.de

Das wollen wir verändern!

Ich finde, in Stuttgart fehlt ein wirklich großes Kinderkaufhaus!

Ich finde, es gibt in Stuttgart zu wenig Fußballplätze für Kinder und zu wenig Spielmöglichkeiten bei schlechtem Wetter.

Stuttgart braucht einen Abenteuerwald für Kinder, mit kleinen Hütten, wo man Ferien machen kann!

Stuttgart hat keinen richtigen Freizeitpark, wie z. B. den Europapark in Rust!

Die Stuttgarter Schulen und Schulhöfe müsste man schöner gestalten und wir Schüler brauchen mehr Turnhallen, um gemeinsam Sport zu treiben.

Stuttgart braucht einen größeren Flughafen!

Stuttgart muss autofrei werden!

Stuttgart hat zu viele Autos und zu viele Hochhäuser!

Manche Stuttgarter mögen keine Ausländer und sagen und zeigen das auch!

In Stuttgart fehlt ein richtig guter CD- und DVD-Laden!

Die U-Bahn in Stuttgart sollte abends länger fahren

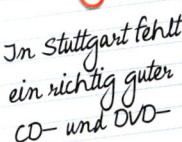

Schade, dass Stuttgart keine Kinderoper hat!

Wenn richtige Stars nach Stuttgart kommen, dann haben wir Kinder nie die Möglichkeit, die auch kennen zu lernen

Wir Kinder brauchen mehr Indoor-spielplätze und überhaupt – es gibt viel zu wenig Veranstaltungen für Kinder!

Stuttgart braucht mehr Büchereien

stuttgart ist für Kinder sehr teuer!

Es gibt in Stuttgart zu wenig Treffpunkte für Kinder!

Ich finde Stuttgart 21 ganz schön blöd!

Stuttgart ist klasse, weil...

In Stuttgart kann ich super einkaufen!

Stuttgart hat viele schöne Schwimmbäder

Stuttgart hat viel Natur – Wald und Weinberge – und ist eine saubere, schöne Großstadt

Stuttgart ist eine wunderschöne grüne Stadt!

Ich mag besonders den Stuttgarter Weihnachtsmarkt. Da sieht alles so schön aus und es riecht so lecker!

In Stuttgart können wir Kinder ganz viel in unserer Freizeit machen. Was toll ist, dass es in Stuttgart viele Schulen gibt, unter denen wir Kinder auswählen können.

In Stuttgart ist immer etwas los und man kann ganz viel unternehmen. Mir ist in Stuttgart nie langweilig!

Stuttgart hat tolle Plätze für Skater.

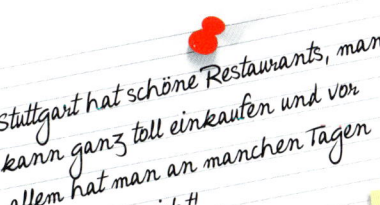
Stuttgart hat schöne Restaurants, man kann ganz toll einkaufen und vor allem hat man an manchen Tagen eine tolle Aussicht!

Was ich in Stuttgart klasse finde, ist, dass die Polizisten so nett und hilfsbereit sind!

Ich mag in Stuttgart das Kino mit der großen Leinwand und die vielen schönen Musicals

In Stuttgart ist alles !!!!!!!!!!!!

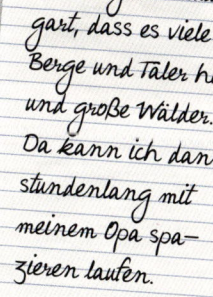
Ich mag an Stuttgart, dass es viele Berge und Täler hat und große Wälder. Da kann ich dann stundenlang mit meinem Opa spazieren laufen.

Zeichenerklärung

Ich zeig dir meine Stadt

1. Landesmuseum Württemberg
2. Schlossplatz
3. Stlftskirche
4. Schillerplatz
5. Eugensplatz
6. Hauptbahnhof
7. Stuttgart 21
8. Mercedes-Benz-Arena
9. Fernsehturm
10. Stuttgarter Stäffele
11. Zahnradbahn "Zacke"
12. Seilbahn
13. Rathaus
14. Weihnachtsmarkt
15. Schloss Solitude
16. Santiago-de-Chile-Platz
17. Bahnhofsturm
18. Uhlandshöhe

Lernen und Tüfteln

19. Staatsgalerie
20. Kunstmuseum
21. Mercedes-Benz-Museum
22. Porsche-Museum
23. Birkenkopf
24. Grüner Heiner
25. Schlossgarten
26. Naturkundemuseum
27. Planetarium
28. Pressehaus

Für Leseratten

29 Kinderbücherei

Wasserspaß

30 Mineralbad Leuze

31 Mineralbad Berg

Auf der Suche nach Tier und Natur

32 Wilhelma

33 Höhenpark Killesberg

34 Kräherwald

Hier kann ich so richtig toben!

35 Cannstatter Wasen

36 Kletterzentrum

37 Eis-Sport-Zentrum

Sehen und Erleben

38 Opernhaus

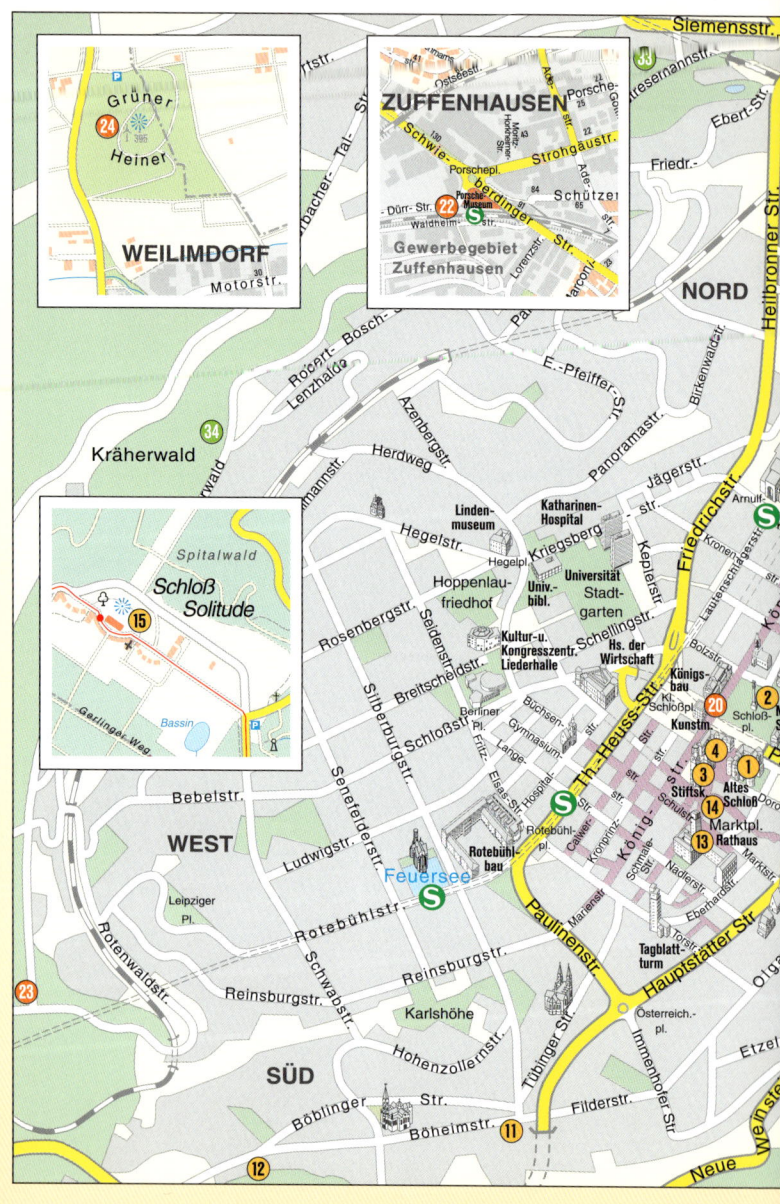

WEILIMDORF

Grüner Heiner

Motorstr.

ZUFFENHAUSEN

Porschepl.
Porsche-Museum
Dürr- Str.
Waldheim Str.
Schützer
Schwie-
Strohgaustr.
berdinger Str.

Gewerbegebiet
Zuffenhausen

NORD

Kräherwald

Spitalwald

Schloß
Solitude

Bassin

Gerlinger Weg

Rosen- Bösch-
Lenzhalde
Azenbergstr.
Herdweg
Herdweg
Panoramastr.
Jägerstr.
Birkenwaldstr.
Arnulf-
Kronen
Hegelstr.
Linden-
museum
Katharinen-
Hospital
Kriegsberg
Hegelpl.
Univ.-
bibl.
Universität
Stadt-
garten
Keplerstr.
Schellingstr.
Hoppenlau-
friedhof
Rosenbergstr.
Seidenstr.
Kultur-u.
Kongresszentr.
Liederhalle
Breitscheidstr.
Berliner
Pl.
Büchsen
Königs-
bau
Kl.
Schloßpl.
Kunstm.
Schloß
pl.
Silberburgstr.
Schloßstr.
Fritz-
Elsas-Str.
Lange
Stiftsk.
Altes
Schloß
Marktpl.
Rathaus
Senefelderstr.
Bebelstr.
Gymnasium
Hospital
Rotebühl-
bau
Calwer
Rotebühl-
pl.
Kronprinz
König-
str.
Nadlerstr.
Marktstr.
WEST
Ludwigstr.
Schwabstr.
Rotenwaldstr.
Leipziger
Pl.
Rotebühlstr.
Feuersee
Reinsburgstr.
Reinsburgstr.
Th.-Heuss-Str.
Paulinenstr.
Marienstr.
Tagblatt-
turm
Hauptstätter Str.
Olga
Karlshöhe
Hohenzollernstr.
Österreich.-
pl.
Etzel
SÜD
Böblinger
Str.
Böheimstr.
Tübinger Str.
Filderstr.
Immenhofer Str.
Neue
Weinste

Siemensstr.
Heilbronner Str.
Friedr.-
Ebert-Str.
Friedrichstr.

⑭ ⑮ ⑯ ㉒ ㉓ ㉔ ㉝ ㉞
① ② ③ ④ ⑪ ⑫ ⑬ ⑳

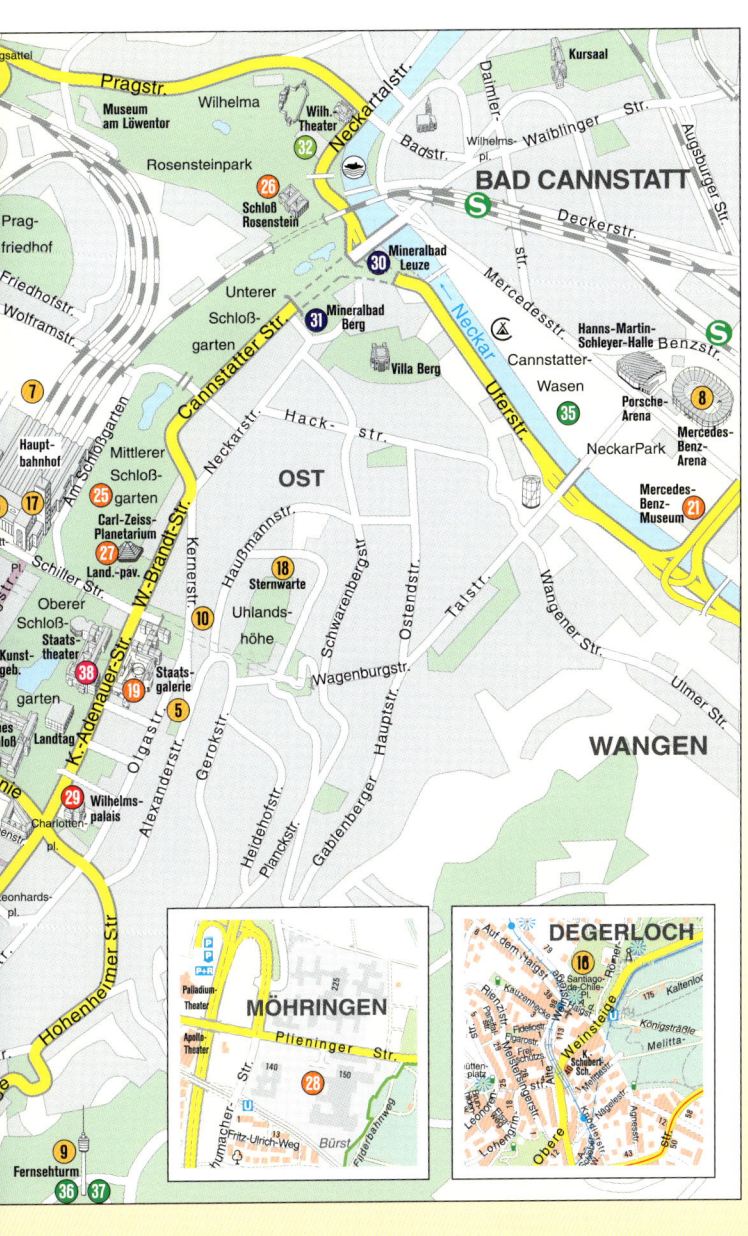

Verbund-Liniennetz

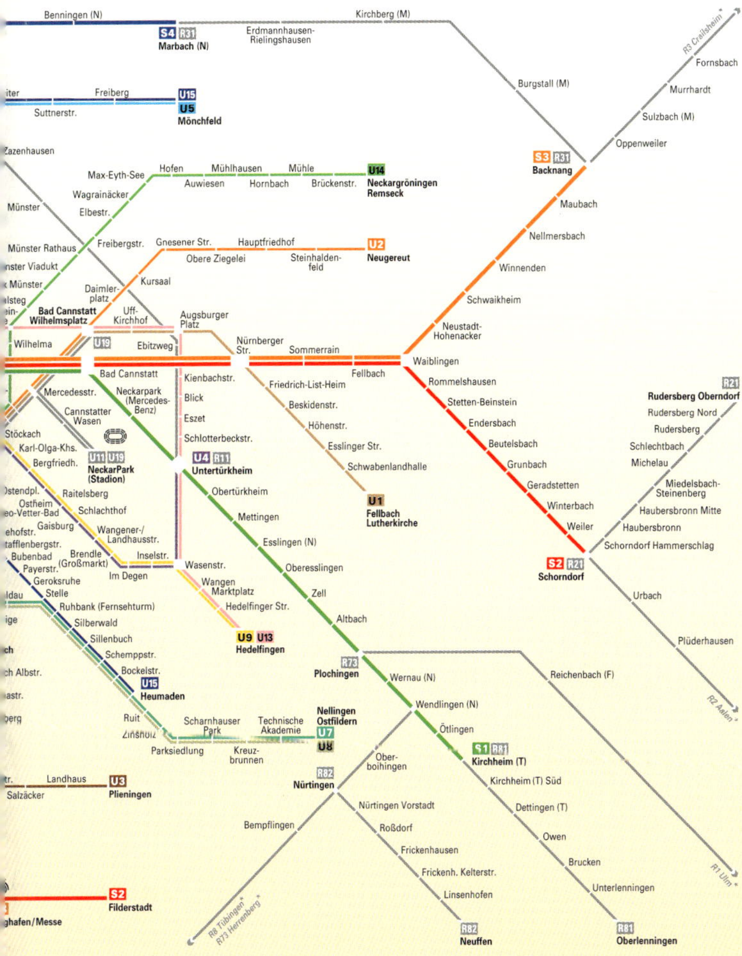

Verkehrs- und Tarifverbund Stuttgart GmbH   www.vvs.de   Tel. 0711 19449   © 12. 2009

Dieses Buch entstand in Kooperation mit der Stadt Stuttgart, den Stuttgarter
Nachrichten und dem Verlag Oertel+Spörer in Reutlingen. Die Auswahl der
Freizeittipps ist das Ergebnis einer Fragebogenaktion unter Stuttgarter Kindern.

Eine Haftung des Verlags und seiner Beauftragten für Personen-, Sach- und Vermö-
gensschäden sowie für Vollständigkeit, Richtigkeit und Aktualität ist ausgeschlossen.

Bilder:
Fotolia.com, Marzanna Syncerz: S. 1
© Fountain Pix, Black Ice 2: S. 73
© Stuttgart-Marketing GmbH: S. 10, 12 o., 13, 17, 20, 22, 23, 26, 30, 31, 33, 34, 35,
36, 41, 43, 45, 46, 47, 58, 59, 64, 65, 67, 69, 70, 71, 72, 76, 78, 81, 82, 85, 87, 89,
91, 98, 99, 101, 114, 120 m.
© creAtive - Fotolia.com: S. 103
© Gerd Massopust: S. 6, 15 u., 25, 32, 40, 48 o., 53, 57, 66, 69 u., 84, 87 u., 88, 90,
92, 93, 94, 95, 104, 107, 108, 109, 110, 111, 112, 115, 117, 119, 120 o. + u., 121
PMP Agentur für Kommunikation: S. 18, 19, 40, 74
Poussette ref 904 © Marie-Thérèse Guihal #7006443: S. 106
Stuttgarter Nachrichten: S. 28, 49
© mirpic Sternenhimmel, Erde und Mond #10731612: S. 14–16, 48
Stuttgarter Nachrichten: Figur des Pinguin und S. 28, 50
Baden-Württemberg Tourismus Marketing: S. 12, 24, 37, 38, 39, 75, 80,
Wikipedia: S. 29

Darstellung Karten: Stadt Stuttgart, Stadtmessungsamt

Bibliographische Information der Deutschen Nationalbibliothek:
Die Deutsche Nationalbibliothek verzeichnet diese Publikation in der
Deutschen Nationalbibliografie; detaillierte Daten sind im Internet
über http://dnb.d-nb.de abrufbar.

Besuchen Sie uns im Internet unter: www.oertel-spoerer.de
© Verlag: OERTEL+SPÖRER
Verlags-GmbH+Co. KG
Beutterstr. 10
72764 Reutlingen
Postfach 16 42
72706 Reutlingen

Idee und Innengestaltung: PMP Agentur für Kommunikation, Reutlingen
Umschlaggestaltung: PMP Agentur für Kommunikation, Reutlingen
Bertele Büro für Gestaltung, Tübingen
Layout und Repro: Uhl + Massopust GmbH, Aalen
Druck und Bindung: Oertel+Spörer Druck und Medien-GmbH+Co., Riederich

ISBN 978-3-88627-459-8